HANS-CHRISTOPH SCHMIDT AM BUSCH

Was wollen wir, wenn wir arbeiten?

Lectiones Inaugurales

Band 16

Was wollen wir, wenn wir arbeiten?

Honneth, Hegel und die Grundlagen
der Kritik des Neoliberalismus

Von

Hans-Christoph Schmidt am Busch

Duncker & Humblot · Berlin

Gedruckt mit freundlicher Unterstützung
der Hans-Böckler-Stiftung

Bibliografische Information der Deutschen Nationalbibliothek

Die Deutsche Nationalbibliothek verzeichnet diese Publikation in
der Deutschen Nationalbibliografie; detaillierte bibliografische Daten
sind im Internet über http://dnb.d-nb.de abrufbar.

Alle Rechte vorbehalten
© 2017 Duncker & Humblot GmbH, Berlin
Fremddatenübernahme: L101 Mediengestaltung, Fürstenwalde
Druck: Meta Systems Publishing & Printservices GmbH, Wustermark
Printed in Germany

ISSN 2194-3257

ISBN 978-3-428-14482-2 (Print)
ISBN 978-3-428-54482-0 (E-Book)
ISBN 978-3-428-84482-1 (Print & E-Book)

Gedruckt auf alterungsbeständigem (säurefreiem) Papier
entsprechend ISO 9706 ♾

Internet: http://www.duncker-humblot.de

*Dieses Buch ist
meinem Sohn Robert gewidmet.*

Vorwort

Das vorliegende Buch ist aus meiner Antrittsvorlesung an der Technischen Universität Braunschweig hervorgegangen. Ich danke dem Braunschweiger Seminar für Philosophie für seine Unterstützung bei der Ausrichtung dieser Veranstaltung. Der Fakultät 6 und dem Präsidium der TU Braunschweig danke ich für die Gewährung eines Forschungssemesters; in ihm konnte ich die vorliegende Arbeit zum Abschluss bringen. Für ihre Lektüre und Kommentierung früherer Fassungen meiner Untersuchung bin ich Andreas Beck, Sven Ellmers, Axel Honneth, Timo Jütten, Amir Mohseni, Michael Quante, Gottfried Schweiger, Ludwig Siep, Claudia Wirsing und Christopher L. Yeomans sehr dankbar; ihre Hinweise haben mich zu substanziellen Modifikationen veranlasst. Den Studierenden, die an meinem Seminar „Die Frankfurter Schule" teilgenommen haben, danke ich für aufschlussreiche Diskussionen. Kim Lisa Dallügge, Darena Fox, Johanna Macher und Nicole Schlieper waren mir bei der Erstellung des Manuskripts eine große Hilfe. Ich danke Duncker & Humblot für die Aufnahme meiner Arbeit in das Verlagsprogramm und Andreas Beck, der die Veröffentlichung seitens des Verlags betreut hat, für eine sehr gute Zusammenarbeit. Der Hans-Böckler-Stiftung danke ich für ihre großzügige Förderung meiner Arbeit.

Hans-Christoph Schmidt am Busch

Inhalt

Einleitung	11
1. Honneths Sozialphilosophie und die Kritik des Neoliberalismus	18
2. Was wollen wir, wenn wir arbeiten?	34
3. Vier Probleme	37
4. Hegels Sozialphilosophie	48
5. Die sittliche Gesinnung der Mitglieder moderner Gesellschaften	50
6. Was wollen wir, wenn wir arbeiten?	57
7. Die sittliche Ambivalenz von Märkten	60
8. Drei Thesen	71
9. Die Grundlagen der Kritik des Neoliberalismus	76
10. Schluss	81
Literatur	84
Über den Verfasser	88

Einleitung

Wodurch werden Gesellschaften wie die unsrige ihren Bürgerinnen und Bürgern fremd? Wie werden sie Ankommenden eine Heimat? Wer diese Fragen erörtert, wird an erster Stelle zu berücksichtigen haben, dass moderne westliche Gesellschaften vielfältige und unterschiedliche Lebensweisen zur Entfaltung kommen lassen: Die Werte, die ihre Bürger anerkennen, die Normen, die sie praktizieren, und die Ziele, die sie verfolgen, weisen so große Differenzen auf, dass eine qualitative Pluralität von Lebensweisen zu den Grundtatbeständen dieser Gesellschaften zu zählen ist. Mehr noch: Zwar hatten Menschen zu allen Zeiten die Fähigkeit, sich zu ihren Wertvorstellungen, normativen Überzeugungen und persönlichen Zielsetzungen reflexiv zu verhalten, doch erst mit modernen westlichen Gesellschaften ist die Überzeugung leitend geworden, dass der Einzelne selbst entscheiden sollte, an welchen Werten, Normen und Zielen er sein Leben ausrichten möchte, und die Berechtigung hat, den eigenen Lebensentwurf im Rahmen seiner Verpflichtungen zu revidieren.[1] Das, was moderne westliche Gesellschaften ideell zusammenhält, scheinen demnach abstrakte, rechtlich kodifizierte Prinzipien zu sein, welche die Ansprüche des Ein-

---

[1] Vgl. z. B. *Böckenförde* (1991).

zelnen auf Selbstbestimmung und politische Partizipation sowie die mit ihnen einhergehenden Verpflichtungen (für die Bürger und die öffentliche Hand) spezifizieren. Wer diese Prinzipien (sowie die ihnen entsprechende Pluralität von Lebensweisen) ablehnt, dem müssen die fraglichen Gesellschaften fremd sein oder werden. Nur denen, welche die in Rede stehenden Prinzipien und die mit ihnen einhergehende plurale Wirklichkeit befürworten, können Gesellschaften wie die unsrige also eine Heimat sein.

Diese Überlegung scheint mir richtig zu sein – und ergänzungsbedürftig. Hält man sich an die öffentlichen Diskurse, wird man feststellen, dass die gesellschaftliche Zugehörigkeit des Einzelnen auch davon abhängt, ob er einer Arbeit nachgeht oder nicht. Dieser Gedanke wird etwa im Zuge der Erklärung von Radikalisierungsprozessen immer wieder geäußert. Repräsentativ ist in diesem Zusammenhang eine Aussage von Papst Franziskus, nach der die europäischen Gesellschaften „viele ohne Ideale und ohne Arbeit gelassen" und so ein „Umfeld" geschaffen haben, in dem „sich junge Menschen fundamentalistischen Gruppen anschließen"[2]. Dementsprechend gehört die Vorstellung, dass Menschen, die als Flüchtlinge zu uns kommen, nur durch Arbeit gesellschaftlich integriert werden können, zu den Selbstverständlichkeiten des politischen Diskurses. Als Bundesarbeitsministerin Andrea Nahles sagte, „[d]er beste Weg in Integration

---

[2] Zitiert nach: Zweites Deutsches Fernsehen, „heute journal", 1.8.2016.

ist der Weg in Arbeit"³, hat ihr vernehmbar niemand widersprochen.

Was die von uns referierten – ebenso wie viele andere öffentliche – Äußerungen offenbaren, ist ein Verbund von Überzeugungen, die sich wie folgt beschreiben lassen: Die Ausübung einer Arbeit ist ein wesentlicher Bestandteil der gesellschaftlichen Zugehörigkeit des (erwachsenen) Einzelnen; Menschen, die Bürgerinnen oder Bürger von Gemeinwesen wie dem unseren sind, wollen gesellschaftlich zugehörig sein, und sie wollen ihre volle gesellschaftliche Zugehörigkeit durch die Ausübung einer Arbeit herstellen; falls sie dauerhaft ohne Aussicht auf eine solche Beschäftigung sind, werden die Gesellschaften, in denen sie leben, ihnen fremd, und sie können dann sogar eine Empfänglichkeit für Gesellschaftskonzeptionen entwickeln, die auf ganz anderen Prinzipien als den oben skizzierten beruhen.[4]

Meines Erachtens sind diese Aussagen im Wesentlichen richtig; allerdings bedürfen sie, um aufschlussreich zu sein, einiger weiterer Klärungen. Geht man davon aus, dass nicht alle Arbeiten gleichermaßen geeignet sind, gesellschaftliche Zugehörigkeit zu stiften – sogenannte Ein-Euro-Jobs dürften in dieser Hinsicht anders abschneiden als

---

[3] Quelle: http://www.spdfraktion.de/themen/beste-weg-integration-weg-arbeit (9.8.2016).

[4] Wer diese Einschätzung teilt, wird es für eine plausible Hypothese halten, dass das zurzeit zu beobachtende Erstarken nationalistischer und rechtsextremer Parteien und Bewegungen sozioökonomische Ursachen hat.

reguläre Vollbeschäftigungen –, und dass eine Arbeit nur dann gesellschaftliche Zugehörigkeit stiftet, wenn die Menschen mehr oder weniger explizit glauben, dass sie dies tut,[5] dann sind es vor allem die folgenden Fragen, die von unseren bisherigen Überlegungen aufgeworfen werden:

(F-1) Welche Arbeiten halten wir, die Mitglieder moderner westlicher Gesellschaften, für geeignet, unsere volle gesellschaftliche Zugehörigkeit herzustellen? Welche Beschaffenheit müssen diese Tätigkeiten unseres Erachtens haben? Was genau wollen wir, wenn wir arbeiten?[6]

(F-2) Können Gemeinwesen in der heutigen Zeit Arbeit der geforderten Art in ausreichender

---

[5] In dieser Hinsicht unterscheidet sich die Arbeit qualitativ von der Staatsangehörigkeit: Ob eine Person als Staatsbürgerin oder Staatsbürger einem politischen Gemeinwesen angehört, hängt nicht davon ab, ob die Menschen glauben, dass dies so ist.

[6] Hierzu zwei Anmerkungen: 1. Dass wir nicht nur glauben, dass Arbeiten, um volle gesellschaftliche Zugehörigkeit zu stiften, eine bestimmte Beschaffenheit haben müssen, sondern zugleich *wollen*, dass die von uns verrichteten Arbeiten diese Beschaffenheit haben, folgt aus der obigen Annahme, dass wir unsere volle gesellschaftliche Zugehörigkeit durch Arbeit herstellen wollen. 2. Es ist nicht ausgeschlossen, dass wir *daneben* noch andere Dinge wollen, wenn wir arbeiten – etwa einen Umgang mit natürlichen Ressourcen, der die Lebensgrundlagen der Angehörigen künftiger Generationen sichert. Diesen Punkt werden wir im Rahmen der vorliegenden Untersuchung allerdings nicht behandeln können. Unsere Erörterung der Frage „Was wollen wir, wenn wir arbeiten?" ist also möglicherweise unvollständig.

Menge zur Verfügung stellen? Oder sind sie hierzu außerstande? Und warum?

In der Öffentlichkeit werden die Fragen F-1 als wichtig angesehen, und sie werden uneinheitlich beantwortet. Das zeigen etwa die in den letzten Jahren in der Bundesrepublik Deutschland ausgetragenen politischen und gesellschaftlichen Auseinandersetzungen um sogenannte Arbeitsmarktreformen, Mindestlöhne, Ansprüche auf gewerkschaftliche Vertretung oder Sozialleistungen, die durch Arbeit begründet werden. Darüber hinaus lässt der zeitgenössische, zunehmend globale Kapitalismus es fraglich erscheinen, ob Gemeinwesen Arbeit, durch welche die gesellschaftliche Zugehörigkeit der Bürgerinnen und Bürger gesichert wird, überhaupt in ausreichender Menge zur Verfügung stellen können. Dagegen sprechen im europäischen Kontext auf den ersten Blick die Anzahl der Arbeitslosen, der Umfang prekärer Beschäftigungsverhältnisse, die Rückkehr der Armut, auch unter Kindern, die Zunahme psychischer Erkrankungen unter Erwerbstätigen[7] und die Verschuldung der öffentlichen Haushalte, welche die Handlungsfähigkeit von Staaten, Regionen und Städten gefährdet. Auch die Fragen F-2 bedürfen also einer eingehenden Untersuchung.

Kann die Sozialphilosophie zur Klärung und Beantwortung unserer Fragen (F-1 und F-2) einen Beitrag leisten? Glaubt man Axel Honneth, dem

---

[7] Vgl. hierzu etwa *Neckel/Wagner* (2013). Für eine andere Sichtweise hat nun Martin Dornes plädiert; vgl. *Dornes* (2016).

neben Jürgen Habermas bedeutendsten zeitgenössischen Vertreter der Kritischen Theorie, dann ist das sehr wohl der Fall. In seinen Werken *Das Recht der Freiheit* und *Die Idee des Sozialismus* entwickelt er jedenfalls Überlegungen, die einer zusammenhängenden, systematisch fundierten Antwort auf jene Fragen gleichkommen. Nach Honneths Auffassung ist das, was wir wollen, wenn wir in der Sphäre der Ökonomie interagieren, die Realisierung einer bestimmten Art von sozialer Freiheit. Da der zeitgenössische, von Honneth als neoliberal eingestufte Kapitalismus soziale Freiheit aber nicht zur Entfaltung kommen lasse – und stattdessen eine Art von „negativer Freiheit" (44)[8] rechtlich zementiere –, müsse er unsere „normativen Erwartungen" (622) frustrieren und Reaktionen des „Unbehagens"[9] und der Ablehnung hervorrufen. Die Etablierung wirtschaftlicher Verhältnisse, die uns nicht fremd sind, erfordert deshalb nach Honneths Einschätzung eine Überwindung des Neoliberalismus, eventuell sogar des Kapitalismus.

In meiner Untersuchung werde ich Honneths Überlegungen, die weltweit rezipiert worden sind und von Philosophen und Sozialwissenschaftlern erörtert werden, in ihren Grundzügen rekonstruieren und unter systematischen Gesichtspunkten bewerten (1–3). Wenngleich ich seine Sozialphilosophie für innovativ und bedeutend halte, glaube ich,

---

[8] Zitate aus und Verweise auf Honneths Schrift *Das Recht der Freiheit* werden durch die Angabe von Seitenzahlen im Haupttext ausgewiesen.

[9] *Honneth* (2015), 15.

dass Honneth die Relevanz von sozialer Freiheit in sozialtheoretischer Hinsicht überschätzt und die rechtlich gesicherte negative Freiheit letztlich nicht zufriedenstellend erörtert. Die Schwierigkeiten, die seine Überlegungen im Einzelnen hervorrufen, lassen sich meines Erachtens im Rückgriff auf die Hegel'sche Sozialphilosophie beheben (4–9). Um dies zu zeigen, werde ich Elemente der *Grundlinien der Philosophie des Rechts* so interpretieren und rekonstruieren, dass deutlich werden wird, warum Hegel in diesem Werk eine eigenständige, sozialtheoretisch ernstzunehmende Antwort auf unsere Fragen F-1 gibt und zudem Argumente entwickelt, mit denen wir erklären können, warum der von Honneth als neoliberal bezeichnete Kapitalismus unsere normativen oder, in der Sprache der *Grundlinien*, sittlichen Erwartungen nicht erfüllen und unsere gesellschaftliche Zugehörigkeit nicht angemessen sichern kann. Hegels *Grundlinien* stellen damit Ressourcen zur Verfügung, die vom Standpunkt der heutigen Sozialphilosophie ausgesprochen relevant sind.

1. Honneths Sozialphilosophie und die Kritik des Neoliberalismus

Was Axel Honneth in seinem Werk *Das Recht der Freiheit* anstrebt, ist nichts Geringeres als die Fundierung und Ausarbeitung einer „Gerechtigkeitstheorie als Gesellschaftsanalyse" (14). Diese Theorie versteht Honneth zugleich als eine philosophische und sozialwissenschaftliche Aktualisierung der in den *Grundlinien der Philosophie des Rechts* vorliegenden Hegel'schen Sozialphilosophie. Wie er in der „Einleitung" seines Buches darlegt, glaubt Honneth, dass seine Theorie auf einer Reihe von Grundannahmen („Prämissen") beruht. Sie sollen im Folgenden zunächst beschrieben werden.

In *sozialtheoretischer* Hinsicht nimmt Honneth an, dass es in jeder Gesellschaft „tragende Ideale und Werte" (18) gibt, die für die gesellschaftlichen Institutionen bindend sind und das Verhalten der Gesellschaftsmitglieder prägen. Welche Entwicklungsmöglichkeiten Gesellschaften und welche Handlungsspielräume menschliche Individuen haben, sind deshalb Fragen, die sich für Honneth nur im Rückgriff auf jene Ideale und Werte beantworten lassen. Wie er betont, betreffen diese Überlegungen seines Erachtens jedes gesellschaftliche Subsystem; anders als Jürgen Habermas, für den die moderne Wirtschaft ein „normfreier" Raum ist,[10] sieht Honneth auch in ihr eine „normativ integrierte" (19) soziale Sphäre. Deshalb kann er im Allgemeinen behaupten, dass die Reproduktionsbedingungen von Gesellschaften durch Ideale und Werte der oben genannten Art bestimmt werden.

Der Begriff der Gerechtigkeit – dies ist Honneths zweite, *gerechtigkeitstheoretische* Grundannahme – ist im Ausgang derjenigen Ideale und Werte zu bestimmen, welche gesellschaftlich jeweils zentral sind: „Als ‚gerecht' hat zu gelten, was innerhalb einer Gesellschaft an Institutionen oder Praktiken dazu angetan ist, die jeweils als allgemein akzeptierten Werte zu verwirklichen." (30) Damit grenzt Honneth seine Theorie von allen philosophischen Versuchen ab, Gerechtigkeitsprinzipien unter Absehung der geschichtlich ausgebildeten gesellschaftlichen Verhältnisse zu explizieren und zu rechtfertigen. Die von ihm befürwortete „immanent ansetzende[] Analyse" ist seines Erachtens allerdings nur möglich, „wenn sich im Nachvollzug der Bedeutung der herrschenden Werte bereits nachweisen läßt, daß sie den historisch vorausliegenden Gesellschaftsidealen oder ‚ultimate values' normativ überlegen sind" (21f.). Wie er selbst einräumt, nimmt Honneth damit „ein Element geschichtsteleologischen Denkens in Anspruch" (22).[11]

In *methodischer* Hinsicht – das besagt Honneths dritte Grundannahme – ist es die Aufgabe der Kri-

---

[10] Vgl. *Habermas* (1988), Bd. 2, 231.
[11] Weiterführende Überlegungen zu diesem Teil seiner Theorie hat Honneth in *Honneth* (2015a), 205–217 entwickelt.

tischen Theoretikerin und des Kritischen Theoretikers, gesellschaftliche Verhältnisse in einem Verfahren der „normativen Rekonstruktion" zu *analysieren* und zu *kritisieren*. Das Ziel einer solchen Analyse sieht Honneth in der Klärung der Frage, „welche sozialen Sphären welchen Beitrag zur Sicherung und Verwirklichung der gesellschaftlich bereits institutionalisierten Werte leisten" (25). In diesem Zusammenhang sei es nicht möglich, die Ergebnisse sozialwissenschaftlicher Studien einfach zu übernehmen; denn das, was hier zu leisten sei – eine Bestimmung der Relevanz der gesellschaftlichen Praktiken und Institutionen nach Maßgabe der für die fragliche Gesellschaft zentralen Ideale und Werte –, liege gar nicht auf dem Forschungsgebiet der „offiziellen Sozialwissenschaften" (25). Aus diesem Grunde hält es Honneth für wahrscheinlich, dass durch eine normative Rekonstruktion ein anderes Bild moderner Gesellschaften entstehen würde, als es von Sozialwissenschaftlerinnen und Sozialwissenschaftlern gezeichnet wird.

Nach Honneths Auffassung dient das Verfahren der normativen Rekonstruktion aber nicht nur dem genannten analytischen Zweck; vielmehr eröffnet es auch eine kritische Perspektive auf die bestehenden gesellschaftlichen Verhältnisse. Im Zuge einer normativen Rekonstruktion kann sich nämlich herausstellen, dass bestimmte gesellschaftliche Praktiken und Institutionen die ihnen zugrundeliegenden Ideale und Werte nur unvollkommen verwirklichen und in dieser Hinsicht besser abschneiden würden, wenn ihre Beschaffenheit geändert werden würde. In einem solchen Fall sind die betroffenen Praktiken und Institutionen als defizitär zu kritisieren. Das geschieht dadurch, dass an den gegebenen Verhältnissen „Praxispotentiale" freigelegt werden, „in denen die allgemeinen Werte besser, das heißt umfassender oder getreuer, zur Verwirklichung kommen könnten" (27).[12] Ihren *Maßstab* hat die damit skizzierte Art der Gesellschaftskritik in denjenigen Werten, die in den fraglichen gesellschaftlichen Verhältnissen bereits „verkörpert" (26) oder „institutionalisiert" (25) sind; deshalb versteht Honneth sie als ein Verfahren, gesellschaftliche Praktiken und Institutionen immanent[13] zu kritisieren.[14]

Welche Ideale und Werte sind für moderne Gesellschaften[15] konstitutiv? Nach Honneths Auffassung war unter „all den ethischen Werten, die in der modernen Gesellschaft zur Herrschaft gelangt

---

[12] Wie er nun präzisiert hat, glaubt Honneth, dass der entsprechende institutionelle Wandel einen graduellen oder einen revolutionären Charakter haben kann. Ein revolutionärer institutioneller Wandel ist für Honneth ein Vorgang, durch den derselbe „Wert" (18) auf eine institutionell vollständig andere Art und Weise als zuvor verwirklicht werden soll. Vgl. hierzu *Freyenhagen* (2015), *Schaub* (2015) und *Honneth* (2015a), 208 f.

[13] Inzwischen verwendet Honneth zur Bezeichnung dieses Verfahrens auch den Ausdruck „interne Kritik". Vgl. *Gonçalo* (2013), 216.

[14] Vgl. in diesem Zusammenhang die erhellenden methodologischen Überlegungen in *Zurn* (2016), 290–298. Kritisch äußert sich Emmanuel Renault zu der von Honneth befürworteten Art von Gesellschaftskritik; vgl. *Renault* (a).

[15] Unter modernen Gesellschaften versteht Honneth „liberaldemokratische" (124) westliche Gesellschaften.

sind und seither um Vormachtstellung konkurrieren, […] nur ein einziger dazu angetan, deren institutionelle Ordnung auch tatsächlich nachhaltig zu prägen: die Freiheit im Sinne der Autonomie des einzelnen" (35). Zugunsten dieser Sichtweise führt Honneth eine Fülle verschiedenartiger Belege an, etwa die Entwicklung des philosophischen Diskurses der Moderne, aber auch Anliegen, die in sozialen Auseinandersetzungen geltend gemacht worden sind. Gegebenheiten wie diese rechtfertigen in seinem Urteil zugleich eine weitere Einschätzung, nämlich die, dass die moderne Welt im Wesentlichen drei unterschiedliche „Deutungen" (122) oder „Modelle" (42) individueller Freiheit hervorgebracht hat, zu deren Bezeichnung Honneth die Ausdrücke „negative Freiheit", „reflexive Freiheit" und „soziale Freiheit" verwendet.[16] Was macht diese Arten von Freiheit aus? Angesichts unseres thematischen Interesses werden wir uns bei der Untersuchung dieser Frage auf zwei der von Honneth unterschiedenen Arten von Freiheit konzentrieren, die negative und die soziale, und die reflexive Freiheit nur am Rande thematisieren.

Im Sinne der negativen Freiheit ist ein Individuum frei, wenn es „nicht durch äußere Widerstände daran gehindert" (44) wird, das zu tun, was es tun möchte. Diese Art von Freiheit ist für Honneth deshalb negativ, weil sie bezüglich der Bildung des in-

---

[16] Wie er selbst anzeigt (vgl. 41), stützt sich Honneth im vorliegenden Zusammenhang nicht auf Isaiah Berlins einflussreiche Unterscheidung von negativer und positiver Freiheit. Vgl. hierzu auch *Honneth* (2015b).

dividuellen Willens keine Rationalitäts- oder Autonomiestandards kennt und stattdessen „vollkommen auf die ‚äußere' Befreiung der Handlung" (57) abhebt. In der modernen Welt wird sie durch rechtlich definierte und staatlich gesicherte Handlungsräume institutionalisiert, in denen der Einzelne ohne die Zustimmung der anderen Menschen und ohne die Angabe seiner Handlungsgründe gemäß seiner „individuellen Besonderung" (50) agieren darf. Im Verständnis der Moderne macht diese Berechtigung den ethischen Wert der negativen Freiheit aus, was Honneth unter Bezugnahme auf so unterschiedliche Denker wie Hobbes, Locke, Mill, Nozick und Sartre zu zeigen versucht. Aus diesen Überlegungen zieht er den Schluss, dass die negative Freiheit „ein originäres und unverzichtbares Element des moralischen Selbstverständnisses der Moderne [ist]; in ihr kommt zum Ausdruck, daß der einzelne das Recht genießen soll, ohne äußere Einschränkung und unabhängig vom Zwang zur Prüfung seiner Motive ‚nach Belieben' zu handeln, solange er dabei nicht dasselbe Recht seiner Mitbürger verletzt" (58).

Im Zentrum des Modells der reflexiven Freiheit steht der Gedanke, dass ein Individuum nur dann frei ist, wenn es ihm gelingt, „sich auf sich selbst in der Weise zu beziehen, daß es sich in seinem Handeln nur von eigenen Absichten leiten läßt" (59). Worin ein solcher Selbstbezug im Einzelnen besteht und warum es sinnvoll ist, anhand seiner zwischen den eigenen Absichten eines Akteurs und den ihm fremden zu unterscheiden, sind Fragen, die es Honneth ermöglichen, die Theorien der reflexiven Freiheit – zu deren Vertretern er, um nur einige Autoren zu nennen, Rousseau, Kant, Korsgaard und Frankfurt zählt – zu klassifizieren. Einerseits behandeln und entwickeln diese Theorien nach Honneths Auffassung mit der reflexiven Willensbildung einen freiheitsrelevanten Gegenstand, der im Modell der negativen Freiheit vernachlässigt wird, und sie machen verständlich, warum die Berechtigung des Einzelnen, eine moralische Prüfung der mit den unterschiedlichen sozialen Rollen einhergehenden Zwecke vorzunehmen, ein eigenständiger und wichtiger Bestandteil der modernen Welt ist. Andererseits sind die Theorien der reflexiven Freiheit – unbeschadet ihrer Verschiedenheiten – für Honneth deshalb alle defizitär, weil sie „die sozialen Bedingungen, die die Ausübung der jeweils gemeinten Freiheit erst ermöglichen würden", nicht „selbst schon als Bestandteile von Freiheit" (79) deuten. Dieses Defizit wird in Honneths Urteil erst im Modell der sozialen Freiheit behoben.

Soziale Freiheit ist für Honneth dann gegeben, wenn Folgendes der Fall ist: Die Menschen wissen, dass jeder von ihnen seine individuellen Ziele nur verwirklichen kann, wenn die anderen „komplementäre" (85) Ziele verfolgen; in diesem Sinne wissen sie um ihre individuelle „Ergänzungsbedürftigkeit" (86). Darüber hinaus verfolgen sie tatsächlich komplementäre Ziele und „anerkennen" (88) einander als „eine Bedingung der Verwirklichung der eigenen Wünsche und Ziele" (85 f.). Schließlich „identifizieren" (93) sich die Menschen miteinander und verwirklichen ihre komplementären Zielsetzungen „gemeinsam" (93) oder, wie

Honneth in *Die Idee des Sozialismus* präzisiert, aus „wechselseitige[r] Anteilnahme"[17] an ihrem individuellen Wohl. Diese Art von Freiheit kann es ihm zufolge nur im Rahmen „reflexiv zustimmungsfähig[er]" institutionalisierter Praktiken geben, in denen die Menschen lernen, komplementäre „Wünsche und Absichten" (92) zu bilden. Deshalb ist soziale Freiheit für Honneth ein *gesellschaftliches* und nicht nur ein „intersubjektives" (86) Verhältnis. Als Urheber dieses Freiheitsverständnisses macht Honneth Hegel aus, und in Marx sieht er einen weiteren wichtigen Vertreter der fraglichen Konzeption.

Führen wir unsere bisherigen Überlegungen zusammen, dann können wir feststellen: Freiheit ist für Honneth der zentrale ethische Wert moderner Gesellschaften, und was Freiheit hier ausmacht, wird durch die Modelle der negativen, der reflexiven und der sozialen Freiheit spezifiziert. Dementsprechend sind diejenigen Institutionen und sozialen Praktiken gerecht, durch welche die so verstandene Freiheit tatsächlich gegeben ist.[18] Im Zuge einer normativen Rekonstruktion sind die gesellschaftlichen Verhältnisse also nach Maßgabe ihres (Un-)Vermögens, Freiheit in den genannten Bedeutungen zu verwirklichen, zu analysieren und zu kritisieren.

---

[17] *Honneth* (2015), 48.

[18] Honneth geht also davon aus, dass Freiheit im Verständnis der Moderne den für vormoderne Gesellschaften konstitutiven Werten moralisch überlegen ist. Vgl. hierzu *Honneth* (2015a), 205–217.

Welches Verständnis wirtschaftlicher Gegebenheiten und Entwicklungen ermöglicht Honneths Theorie? Und welche Perspektiven eröffnet sie der Sozialkritik in diesem Gegenstandsbereich? Kapitalistische Marktwirtschaften, die sich in Europa zu Beginn des 19. Jahrhunderts zu etablieren begannen, sind für Honneth „Sphären der sozialen Freiheit" (226). Diese grundlegende *sozialtheoretische* These interpretiert Honneth im Sinne eines „normativen Funktionalismus" (332). Das heißt: Kapitalistische Marktwirtschaften können fortbestehen, auch wenn sie den Erfordernissen sozialer Freiheit tatsächlich nicht genügen; allerdings können sie die „moralische Zustimmung" (333) der Marktteilnehmerinnen und Marktteilnehmer nur dann erhalten, wenn sie Institutionen aufweisen, durch die soziale Freiheit verwirklicht wird. Mit anderen Worten: Soziale Freiheit ist ein funktionales Erfordernis einer „allgemein zustimmungsfähig[en]" (327) kapitalistischen Marktwirtschaft, nicht aber einer kapitalistischen Marktwirtschaft als solcher.[19]

Dass Marktteilnehmer *tatsächlich* die normative Erwartung haben, einander „nicht nur rechtlich als Vertragspartner", sondern zugleich „als Mitglieder eines kooperierenden Gemeinwesens" zu begegnen, das im Sinne der sozialen Freiheit „eine harmonische[] Integration der wirtschaftlichen Einzelinteressen" (329) sicherstellt, ist eine These, die Honneth durch eine historisch weitreichende normative Rekonstruktion der Sphären des Arbeitsmarktes und der Konsumgütermärkte zu rechtferti-

---

[19] Vgl. hierzu auch *Jütten* (2015), 192 f.

gen versucht. Zu den Belegen, die er für die von ihm angenommene Erwartungshaltung der Marktteilnehmer anführt, gehören die Brotaufstände und Güterboykotts des frühen 19. Jahrhunderts, die Bildung von Konsumgenossenschaften im späten 19. und frühen 20. Jahrhundert, die rechtliche Sicherung des Verbraucherschutzes, die Infragestellung privatistischer Konsumgewohnheiten in den 1960er Jahren, die Gründung von Arbeiterbildungsvereinen im 19. Jahrhundert und die Etablierung gewerkschaftlicher Mitspracherechte nach dem Zweiten Weltkrieg. Wenngleich diese Ereignisse und Maßnahmen nicht *ausdrücklich* im Zusammenhang mit der Etablierung von sozialer Freiheit standen, sind sie in Honneths Urteil geeignet, den der Sphäre der modernen Ökonomie „zugrundeliegenden Anspruch der sozialen Freiheit" (230) sichtbar zu machen.[20] Deshalb entwirft Honneth mit seiner Explikation dieses Anspruchs zugleich ein Bild kapitalistischer Marktwirtschaften, das in institutioneller Hinsicht weitaus umfassender ist als das von Wirtschaftswissenschaftlern gezeichnete und beispielsweise gewerkschaftliche Einrichtungen und Rechte des Verbraucherschutzes einschließt.

Aber, so ist zu fragen, begegnen die Menschen einander in kapitalistischen Marktwirtschaften nicht als Träger von Rechten, die ihre *negative Freiheit* sichern? Und sind sie hier nicht deshalb frei, weil sie ihre selbstgewählten Ziele mit recht-

---

[20] Aus diesem Grunde spricht Honneth im vorliegenden Zusammenhang auch von der „moralischen Tiefengrammatik" (421) kapitalistischer Marktwirtschaften.

lichen Mitteln verfolgen dürfen? Diese von vielen Ökonomen, Sozialwissenschaftlern und Politischen Philosophen geteilte Auffassung hält Honneth für irreführend. Im Rahmen seiner Erörterung der „liberalen Freiheitsrechte" (zu denen er die „Vertragsfreiheit" (156) zählt) und der „subjektiven Rechte" (133), die unsere „Privatautonomie" (151) bzw. „private Freiheit" (146) sichern, stellt er zunächst fest: Wenn wir im öffentlichen Raum als *„Rechtsträger"* (151) agieren, handeln wir (i) ohne eine vorgängige Einholung der Zustimmung anderer Personen, (ii) rechtfertigen unser Handeln gegebenenfalls allein durch Verweis auf die von uns in Anspruch genommenen Rechte und (iii) behandeln einander ausschließlich „strategisch". Als Personen, die sich „dazu entschlossen haben" (154), im Umgang miteinander ihre jeweiligen Rechte zu nutzen, sind wir deshalb „einsame Aktor[en]" mit „nur strategischen Zielsetzungen" (151). Auf der Grundlage dieser Überlegung führt Honneth dann aus, warum sich die Menschen in kapitalistischen Marktwirtschaften nicht nur als Träger von Rechten der oben genannten Art begegnen (können). Die fragliche Auffassung hält er erstens aus empirischen Gründen für falsch; dass sich die Menschen tatsächlich nur in Ausnahmesituationen, wenn ihre alltägliche Kommunikation ihre Handlungen nicht mehr zu koordinieren vermag, keineswegs aber in der Regel „allein in der Rolle von Rechtsträgern" (151) begegnen, geht für ihn zum Beispiel aus seiner oben skizzierten Rekonstruktion der Sphären des Arbeitsmarktes und der Konsumgütermärkte hervor. Zweitens vertritt Honneth die sozialtheoretische These, dass die Inanspruchnahme von Rechten von den Menschen etwas verlange, was sie jedenfalls nicht durchgängig zu leisten vermögen: nämlich von all ihren „informellen, nichtjuridischen Verpflichtungen, Bindungen und Erwartungen" (132) Abstand zu nehmen und einander rein strategisch zu behandeln. Deshalb seien Rechtsverhältnisse allein nicht geeignet, eine „soziale Praxis" zu konstituieren: Durch „die ganze Bandbreite der liberalen Freiheitsrechte [soll] eine soziale Praxis ermöglicht werden, deren Bestand und Gedeihen davon abhängig ist, daß die jeweils betroffenen Subjekte nichtrechtliche Beziehungen miteinander unterhalten oder sich auf vorrechtliche Normen verpflichtet fühlen" (156). Folglich ist es nach Honneths Auffassung ausgeschlossen, dass sich Menschen an kapitalistischen Märkten normalerweise „allein" (151) als Träger von Rechten begegnen.[21]

Mehr noch: Genau genommen, ist die Inanspruchnahme von liberalen Freiheitsrechten und subjektiven Rechten, welche unsere Privatautonomie sichern, für Honneth *nicht* deshalb freiheitsstiftend, weil sie mit der Ausführung von Handlun-

---

[21] Mit den in diesem Absatz rekonstruierten Überlegungen bezieht Honneth eine Position, die sich auch folgendermaßen beschreiben lässt: Er behauptet erstens, dass wir „in der Rolle von Rechtsträgern" (151) systemische Akteure im Habermas'schen Sinne sind, und zweitens, dass gesellschaftliche Sphären wie die Ökonomie keine Systeme in Habermas' Verständnis des Wortes sein können, sondern vielmehr anhand eines Hegel'schen Begriffs der sozialen Praxis analysiert werden müssen.

gen einhergeht, welche die oben genannten Eigenschaften (i, ii und iii) haben. Dieser – sicherlich überraschende – Befund ergibt sich aus Honneths Bestimmung des ethischen Werts der in Rede stehenden Rechte. Hier ist zunächst zu beachten, dass die Inanspruchnahme solcher Rechte aus Honneths Sicht eine weitere relevante Eigenschaft (iv) hat, nämlich die, den Akteur vorübergehend „von allen sozialen Verpflichtungen und Bindungen" (147) zu lösen und ihm so die „Chance zur ethischen Selbstvergewisserung" (146) und zur „Wiederanknüpfung an die lebensweltlichen Routinen wechselseitiger Begründungen und Verpflichtungen" (155) zu geben. Wie er wiederholt feststellt, ist Honneth der Auffassung, dass der „ethische Sinn" (131) bzw. „Wert" (201) der oben genannten Rechte „allein" in dieser „Gewährung eines Moratoriums" (155) besteht. Demgegenüber könne die Verfolgung selbstgewählter Ziele mit rechtlichen Mitteln *als solche* zu unserer Freiheit keinen Beitrag leisten – „weil wir uns ja dazu entschlossen haben, auf die anderen nur noch strategisch einzuwirken und sie daher als Partner für gemeinsame Projekte, Kooperationen oder Beziehungen nicht mehr in Betracht zu ziehen" (154). In Übereinstimmung mit dieser Begründung sieht Honneth das „prinzipielle Unvermögen aller rechtlichen Freiheit […] in der Sicherung einer Form von Privatautonomie, die nur dann sinnvoll […] auszuüben ist, wenn der ihr eigene Boden des Rechts wieder verlassen wird" (151).

Beziehen wir diese Überlegung auf die Sphäre der Ökonomie, dann können wir feststellen: Marktteilnehmer, die glauben, dass liberale Freiheitsrechte und subjektive Rechte der oben genannten Art aus dem Grunde freiheitsstiftend sind, weil sie ihnen die (rechtliche) Möglichkeit geben, ihre selbstgewählten Ziele mit rechtlichen Mitteln zu verfolgen, erliegen einem Irrtum. Sie erkennen nicht, dass die Inanspruchnahme solcher Rechte *allein* aufgrund einer anderen Eigenschaft, nämlich der oben genannten „Gewährung eines Moratoriums", einen Beitrag zur Verwirklichung ihrer Freiheit leistet. Wäre – so lässt sich dieser Punkt verdeutlichen – die Inanspruchnahme von Rechten mit einem solchen Moratorium, nicht aber mit der Ausübung von Handlungen verbunden, welche die oben genannten Eigenschaften i, ii und iii aufweisen, würde sie vom Honneth'schen Standpunkt unter Freiheitsaspekten *keinen anderen Wert* haben. Ganz in diesem Sinne stellt Honneth fest, dass „es für die Existenz der privaten Freiheit unerheblich ist, ob [...] sie von den Individuen genutzt wird, weil sie in der puren Chance zur ethischen Selbstvergewisserung besteht" (146).

Mit den von uns rekonstruierten Überlegungen möchte Honneth nicht nur einem neuen Verständnis kapitalistischer Marktwirtschaften den Weg bahnen, sondern zugleich den zeitgenössischen, von ihm als neoliberal klassifizierten Kapitalismus einer gründlichen Kritik unterziehen. Ihren Maßstab hat diese Kritik in eben jenem Begriff sozialer Freiheit, auf den sich Honneth bei seiner historischen Analyse kapitalistischer Märkte stützt.[22]

---

[22] Siehe oben, S. 26 f.

Neoliberal ist der gegenwärtige Kapitalismus für ihn deshalb, weil er eine Abkehr vom organisierten Kapitalismus des 20. Jahrhunderts vollziehe (vgl. 442–449).[23] Das zeige sich beispielsweise an einer fortschreitenden Rücknahme gewerkschaftlicher Mitspracherechte und arbeitsrechtlicher Bestimmungen, die dem Schutz der „Lohnabhängigen" (463) dienen, aber auch an steuerlichen Begünstigungen von Unternehmen und Konzernen sowie einer Beschneidung wohlfahrtsstaatlicher Maßnahmen. Folgt man Honneths Überlegungen, dann hat diese „Desorganisation der kapitalistischen Wirtschaft" (458) ein neuartiges „Proletariat" (453) entstehen lassen, dessen Angehörige „kein lebenssicherndes Einkommen" erzielen und „kaum mehr Möglichkeiten zur Erfahrung des kooperativen Einbezogenseins in die gesellschaftliche Arbeitsteilung" (458) haben. Ferner seien an Arbeitsmärkten „Verhaltensstil[e] strategischer Selbstoptimierung" (466) zu beobachten, während sich an Gütermärkten verstärkt eine „Mentalität des privatistischen Konsumismus" (408) zeige. Angesichts dieser Einschätzungen kann es nicht überraschen, dass Honneth den neoliberalen Kapitalismus für eine „Fehlentwicklung" (458) hält, durch welche die sozialen Verhältnisse im Bereich der Wirtschaft zunehmend ungerecht werden. Soziale Freiheit, so stellt er ernüchtert fest, „scheint aus der institutionellen Sphäre der Erwerbsarbeit inzwischen so gut wie ver-

---

[23] Kritische Überlegungen zu Honneths Unterscheidung zwischen organisiertem und neoliberalem Kapitalismus werden in *Bourdin* (2015) entwickelt.

bannt" (468 f.) zu sein, und „der marktvermittelten Sphäre des Konsums" fehlen „heute all die institutionellen Voraussetzungen, die sie zu einer gesellschaftlichen Institution der sozialen Freiheit machen könnten" (408).

2. Was wollen wir, wenn wir arbeiten?

Was wollen wir, wenn wir arbeiten? Auf diese Frage gibt Axel Honneth eine präzise Antwort. Das, was wir (mehr oder weniger explizit) in normativer Hinsicht für richtig halten und in sozialen Kämpfen sicherzustellen versuchen, ist die Verwirklichung von sozialer Freiheit. Sozial frei sind wir im Bereich der Ökonomie, wenn jeder von uns mit seiner Arbeit zur Befriedigung der Bedürfnisse der anderen Gesellschaftsmitglieder beiträgt, von ihnen für diesen Beitrag „Anerkennung" (86) bzw. Wertschätzung erfährt[24] und aus „Anteilnahme"[25] am Wohl der anderen an der gesellschaftlichen Produktion von Gütern und Leistungen partizipiert. Nur wenn wir auf diese Art und Weise „komplementäre" (85) Ziele und Projekte verfolgen, werden wir die „Erfahrung des kooperativen Einbezogenseins in die gesellschaftliche Arbeitsteilung" (458) machen, und nur dann werden wir uns derje-

---

[24] Angesichts dieser Bestimmungen scheint mir Mark Hunyadis werkgeschichtliche These, dass Honneth im *Recht der Freiheit* einen „Bruch" mit seiner früheren Anerkennungstheorie vollziehe (vgl. *Hunyadi* [2014], 14), nicht zutreffend zu sein. Auf die Relevanz praktizierter Anerkennung hinsichtlich des Vorliegens von sozialer Freiheit hat Ludwig Siep früh hingewiesen. Vgl. *Siep* (2011).

[25] *Honneth* (2015), 48.

nigen Gesellschaft, deren Bürger wir sind, in vollem Umfang zugehörig fühlen. Träger liberaler Freiheitsrechte und subjektiver Rechte, die unsere Privatautonomie schützen, möchten wir nur deshalb sein, weil wir so die rechtlich gesicherte „Chance" haben, eingespielte Kommunikationsformen „ethisch" (146) zu prüfen und gegebenenfalls zu modifizieren. Was wir demgegenüber nicht möchten, ist, uns im Bereich der Ökonomie als Personen begegnen, die selbstgewählte Zwecke mit rechtlichen Mitteln verfolgen. Ein solches Verhalten würde nämlich dem widersprechen, worum es uns hier geht: sozial frei zu sein.

Auch die eingangs gestellten Fragen F-2 lassen sich mit Honneths Überlegungen beantworten. Der zeitgenössische Kapitalismus ist außerstande, unsere „normativen Erwartungen" (622) zu erfüllen, und deshalb haben wir ihm gegenüber eine ablehnende Haltung. Im Zuge der neoliberalen Umgestaltung der Ökonomie sind nach Honneths Auffassung ja gerade diejenigen Einrichtungen infrage gestellt und beschnitten worden, die zur Verwirklichung von sozialer Freiheit mehr oder weniger große Beiträge geleistet haben (etwa gewerkschaftliche Mitspracherechte, Maßnahmen des Kündigungsschutzes, Mindestlohnbestimmungen oder sozialstaatliche Ansprüche). Die auf diese Weise entstandenen kapitalistischen Märkte können den Erfordernissen sozialer Freiheit nicht genügen; alles, was sie in Aussicht stellen, ist ein Schutz der *rechtlich gesicherten negativen Freiheit*. Dass wir auf diese „Rückverwandlung des Versprechens sozialer Freiheit in die Verheißung von bloß noch individueller Freiheit" (469) mit „Unbehagen"[26], „Unrechtsempfindungen", „Selbstzweifeln" (359) oder Empörung reagieren, ist angesichts unserer Einstellung ohne weiteres verständlich. Denn das, was wir befürworten und zu etablieren versuchen, ist ja gerade das, was der neoliberale Kapitalismus zerstört: soziale Freiheit.

---

[26] Ebd., 15.

3. Vier Probleme

Sind Honneths Überlegungen berechtigt? Sind die Antworten, die er auf unsere eingangs gestellten Fragen F-1 und F-2 gibt, gut begründet? Aus meiner Sicht ist *Das Recht der Freiheit* eines der bedeutendsten sozialphilosophischen Werke unserer Zeit. In dieser Schrift führt Honneth gerechtigkeitstheoretische, philosophiegeschichtliche und sozialwissenschaftliche Überlegungen innovativ zusammen. Er profiliert so im Anschluss an Hegel eine von der zeitgenössischen Philosophie vernachlässigte gerechtigkeitstheoretische Option und eröffnet zugleich ein neues Verständnis der normativen Grundlagen, Defizite und Perspektiven der modernen Welt. Darüber hinaus halte ich es für eines der großen Verdienste von Axel Honneth, dass er die moderne Ökonomie als eine normativ verfasste soziale Sphäre konzeptualisiert. Gleichwohl bin ich (wie nicht wenige Autoren) der Meinung, dass sein Versuch, kapitalistische Marktwirtschaften im Lichte des Begriffs der sozialen Freiheit zu analysieren und zu kritisieren, eine Reihe von Problemen aufwirft. Wie ich im Folgenden darlegen werde, betreffen diese Probleme meines Erachtens vor allem Honneths Theorie der rechtlich gesicherten negativen Freiheit sowie den von ihm behaupteten Zusammenhang zwischen sozialer Freiheit und kapitalistischen Märkten.

Erstes Problem (P-1): Wie gesehen, ist die Inanspruchnahme liberaler Freiheitsrechte und subjektiver Rechte, welche die Privatautonomie schützen, für Honneth allein deshalb freiheitsstiftend, weil sie den Menschen die „Chance zur ethischen Selbstvergewisserung" (146) und zur „Wiederanknüpfung an die lebensweltlichen Routinen wechselseitiger Begründungen und Verpflichtungen" (155) gibt; ethisch irrelevant ist demgegenüber der Umstand, dass die Inanspruchnahme jener Rechte mit Handlungen einhergeht, durch die der Akteur selbstgesetzte Zwecke mit den Mitteln des Rechts verfolgt. Aus genau diesem Grunde sind die fraglichen Rechte aber, wie Honneth selbst herausarbeitet,[27] im *Verständnis der Moderne* freiheitsstiftend und ethisch wertvoll. Nun ist es im Prinzip natürlich denkbar, dass die (gesamte) Moderne ein falsches Verständnis des ethischen Werts dieser Rechte besitzt. Eine solche Einschätzung könnte jedoch mit den Mitteln der Honneth'schen Sozialphilosophie nicht gerechtfertigt werden, und sie würde diese Theorie sogar in Bedrängnis bringen – da Honneth ja beansprucht, die modernen gesellschaftlichen Verhältnisse anhand der *ihnen zugrundeliegenden* Werte zu analysieren und zu kritisieren. Im Rahmen von Honneths eigener Theorie ist seine Bestimmung des ethischen Werts der liberalen Freiheitsrechte und der subjektiven Rechte, die unsere Privatautonomie schützen, deshalb problematisch.

---

[27] Siehe oben, S. 23. Vgl. ferner *Das Recht der Freiheit*, 138 f.

Zweites Problem (P-2): Auch Honneths ethische Bewertung und sozialtheoretische Beurteilung des Handelns, das wir mit der Inanspruchnahme von liberalen Freiheitsrechten und unsere Privatautonomie sichernden subjektiven Rechten zeitigen, lassen sich mit guten Gründen kritisieren. Die durch diese Rechte institutionalisierte Freiheit ist negativ, weil sie dem Einzelnen die Befugnis gibt, ohne die Einholung der Zustimmung der anderen und ohne die Angabe seiner Handlungsgründe selbstgewählte Zwecke mit rechtlichen Mitteln zu verfolgen.[28] Nun glaubt Honneth, dass das entsprechende Handeln, wenn es im öffentlichen Raum erfolgt,[29] mit

---

[28] Allerdings sind die Träger dieser rechtlichen Befugnis zu einem solchen Verhalten nicht verpflichtet. Es steht ihnen vielmehr frei, sich im Lichte ihrer Handlungsgründe der Zustimmung anderer Menschen zu vergewissern, bevor sie ihre Rechte auf die eine oder andere Art und Weise in Anspruch nehmen.

[29] Im Rahmen seiner Erörterung des „Recht[s] auf privates Eigentum" (134) stellt Honneth heraus, „daß sich im Spiegel eines dauerhaft der privaten Verfügung überlassenen Gegenstandes die Wandlungen der eigenen Persönlichkeit über die Zeit hinweg registrieren lassen". Damit gibt ein solcher Gegenstand seinem Eigentümer „die Chance, all jene Bindungen, Beziehungen und Verpflichtungen einer Überprüfung zu unterziehen, auf die [er] sich lebensgeschichtlich eingelassen hat". Wie im Fall der anderen von uns betrachteten Rechte (siehe oben, Abschnitt 1) besteht für Honneth in dieser Chance „die ethische Bedeutung des Rechts auf Eigentum" (136). (Vgl. hierzu *Mohseni* [a].) Da er der Auffassung zu sein scheint, dass wir Gegenstände der oben genannten Art in unserer „Privatsphäre" (137) nicht als Rechtsträger nutzen, wäre zu fragen, wie Honneth diejenigen Handlungen, mit denen wir solche Gegenstände privat

einer rein strategischen Behandlung der anderen Menschen einhergeht und deshalb als solches[30] die Freiheit des Akteurs nicht mehren kann.[31] Allerdings besteht der behauptete Zusammenhang zwischen der Inanspruchnahme von Rechten und der strategischen Behandlung anderer weder notwendigerweise noch im Allgemeinen. Gewiss, Menschen können ihre Rechte nutzen, um Handlungen auszuführen, bei denen die Wünsche, Interessen und Bedürfnisse anderer Menschen lediglich instrumentell wertvoll sind; allerdings können sie *dieselben Rechte* auch *anders* nutzen, was sie normalerweise etwa dann tun, wenn sie heiraten, Kinder adoptieren, deren Eltern verstorben sind, Kleidung zugunsten von Flüchtlingen spenden, oder ihr Vermögen einer gemeinnützigen Stiftung oder bedürftigen Personen vererben. Mehr noch: Die Inanspruchnahme von Rechten ist nicht nur kompatibel

---

nutzen, konzeptualisiert. Die Erörterung dieser Frage liegt außerhalb der Reichweite der vorliegenden Untersuchung.

[30] Wie erläutert, ist das fragliche Handeln aus Honneths Sicht allein deshalb freiheitsstiftend, weil es dem Akteur „die Chance zur ethischen Selbstvergewisserung" (146) und Wiederherstellung seiner lebensweltlichen Kommunikationszusammenhänge gibt.

[31] Warum aber, so lässt sich eine weiterführende Frage formulieren, folgt aus der angenommenen strategischen Behandlung anderer, dass die rechtliche Realisierung selbstgewählter Ziele als solche keine Freiheit stiftet? Dass er diese Frage nicht erörtert, erweckt den Eindruck, dass Honneth die rechtlich gesicherte negative Freiheit nach Maßgabe seiner Konzeption sozialer Freiheit „ethisch" (35) bewertet.

mit einer nicht-instrumentellen Berücksichtigung der Wünsche, Interessen und Bedürfnisse anderer Menschen; vielmehr sind viele Arten von Handlungen, die eine solche Berücksichtigung in der Regel einschließen, überhaupt nur möglich, weil es entsprechende Rechte gibt.[32] Treffen diese Überlegungen zu, dann ist der Grund, aus dem Honneth glaubt, dass die rechtliche Verfolgung selbstgewählter Ziele als solche nicht geeignet ist, die Freiheit des Akteurs zu mehren, hinfällig, und es ist ferner nicht ersichtlich, warum „der Boden des Rechts […] verlassen" (151) werden muss, wenn freiheitliche Verhältnisse im öffentlichen Raum etabliert werden sollen. Diese sozialtheoretische Behauptung wäre lediglich dann unabweisbar, wenn die Menschen in der Öffentlichkeit nur dadurch frei handeln könnten, dass sie *keine Rechte* in Anspruch nehmen; wie unsere obigen Beispiele zeigen, ist diese Bedingung aber nicht erfüllt – und zwar auch dann nicht, wenn man mit Honneth der Auffassung ist, dass Menschen, um frei handeln zu können, einander nicht rein „strategisch" (154) behandeln dürfen.

Drittes Problem (P-3): Wie gesehen, glaubt Honneth, dass die neoliberale „Desorganisation der kapitalistischen Wirtschaft" (458) einem Triumphzug der rechtlich gesicherten negativen Freiheit gleichkommt (vgl. 469) und allen Bemühungen, soziale Freiheit in der Sphäre der Ökonomie zu verwirklichen, Abbruch getan hat.[33] Ich halte diese Ein-

---

[32] Dieser Punkt wird in *Hart* (2011) betont.
[33] Siehe oben, Abschnitt 1.

schätzung für richtig. Wie aber kann die fragliche Entwicklung im Rahmen von Honneths Sozialphilosophie erklärt werden? Diese Frage stellt sich deshalb, weil Honneth ja davon ausgeht, dass soziale Freiheit in der Sphäre der Ökonomie der zentrale Wert ist, und er die Realisierung von selbstgewählten Zielen mit Hilfe des Rechts nicht als solche für freiheitsstiftend hält. Wie Honneth selbst einräumt, wird eine Sozialphilosophie, die auf diesen Annahmen beruht, durch den neoliberalen Kapitalismus in sozialtheoretischer Hinsicht in „Verlegenheit" (460) gebracht.

Viertes Problem (P-4): Honneths These, dass soziale Freiheit in der Sphäre der modernen Ökonomie der zentrale Wert sei, ist auch deshalb problematisch, weil diese Art von Freiheit in kapitalistischen Marktwirtschaften nicht *vollständig* verwirklicht werden *kann*. Gewiss, soziale Freiheit hat Elemente, die auch in derartigen institutionellen Kontexten gegeben sein können. So dürften Menschen, die an Märkten agieren, die Erfahrung machen, dass sie ihre produktiven und konsumtiven Ziele nur erreichen können, wenn andere Marktteilnehmer „komplementäre" (85) Ziele verfolgen, und es gibt gute Gründe für die Annahme, dass auch in einer kapitalistischen Ökonomie Menschen einander für das, was sie beruflich tun, „Anerkennung" (86) bzw. Wertschätzung entgegenbringen können.[34] Nach allem, was wir wissen, können Marktteilnehmer aber aus strukturellen Gründen sich nicht miteinander „identifizieren" bzw. „aus

---

[34] Vgl. hierzu *Schmidt am Busch* (2011).

wechselseitiger Anteilnahme"[35] an ihrem Wohl füreinander tätig sein. In dem Fall würde nämlich jeder von ihnen die Wünsche, Interessen und Bedürfnisse anderer Menschen *sich zu eigen machen* und sie auch dann zu erfüllen versuchen, wenn diese Tätigkeit *keinerlei* Bezug zur Sicherung seines eigenen Auskommens oder Lebensunterhalts aufweisen würde.[36] Dem stehen die allgemein akzeptierten Vorstellungen entgegen, dass in einer kapitalistischen Marktwirtschaft Menschen nur dann für andere Güter herstellen werden, wenn sie auf diese Weise für sich selbst ein Einkommen glauben erzielen zu können, und dass eine solche Einstellung eine Bedingung funktionierender – also etwa Informations- und Allokationsfunktionen hinreichend gut erfüllender – kapitalistischer Märkte ist.[37] Treffen diese Überlegungen zu, dann hat Honneths Begriff der sozialen Freiheit eine Komponente, die in kapitalistischen Marktwirtschaften nicht verwirklicht werden kann.

Im vorliegenden Zusammenhang ist ferner zu bedenken, dass soziale Freiheit *keine* Bestandteile hat, die *nur* durch kapitalistische Marktwirtschaften institutionell gesichert werden können. Auch

---

[35] *Honneth* (2015), 48.

[36] Ganz in diesem Sinne stellt Honneth fest, dass der Einzelne nur dann sozial frei ist, „wenn er in Kooperation mit anderen handelt, deren Absichten […] zu einem Bestandteil seiner eigenen Absichten gemacht werden" (*Honneth* [2015b], 122).

[37] Das ist bereits Adam Smith' bahnbrechender Untersuchung über den Wohlstand der Nationen zu entnehmen. Vgl. *Smith* (1999).

Menschen, die einer Fourier'schen oder saint-simonistischen Assoziation angehören, werden sicherlich die Erfahrung machen können, individuell ergänzungsbedürftig zu sein, und auch sie werden einander für das, was sie beruflich tun, anerkennen bzw. wertschätzen können.[38] Wenn kapitalistische Märkte aber weder notwendig sind, um Elemente von sozialer Freiheit zu realisieren, noch geeignet sind, diese Art von Freiheit vollständig zur Entfaltung zu bringen, ist kaum zu erkennen, wie Honneths sozialtheoretische These, dass soziale Freiheit der zentrale Wert moderner Ökonomien ist, gerechtfertigt werden könnte.[39]

Konfrontiert mit diesem Problem, könnte Honneth darauf bestehen, dass seine Theorie sozialer Freiheit eine antikapitalistische sei. Nur deshalb könne diese Art von Freiheit, wie er in der *Idee des Sozialismus* ausführt, „die Kernidee des Sozialismus" bilden und „Hoffnungen auf einen Zustand *jenseits* des Kapitalismus"[40] konkretisieren.[41] Folg-

---

[38] Vgl. hierzu *Fourier* (2012) sowie das (vermutlich von Amand Bazard und Barthélémy Prosper Enfantin verfasste) saint-simonistische Hauptwerk *Doctrine de Saint-Simon. Exposition.*

[39] Mit diesen Überlegungen lässt sich erklären, warum, wie Arto Laitinen festgestellt hat, Honneth „spends a lot of energy in defending the participatory, cooperative ethical basis of the economy, but does not argue that much for why that cooperation should take the form of the market" (*Laitinen* [2016], 279).

[40] *Honneth* (2015), 16 (meine Hervorhebung).

[41] Vgl. auch *Honneth* (2015a), 224, wo der Autor die Überzeugung äußert, dass sich soziale Freiheit nur „under post-capitalist conditions" verwirklichen könne. Vgl.

lich, so könnte Honneth argumentieren, sei es unerheblich, ob soziale Freiheit in kapitalistischen Marktwirtschaften vollständig verwirklicht werden könne, und ein Segen, dass sie keine Elemente enthalte, die sich nur in solchen Ökonomien institutionell sichern lassen.

Diese Überlegung scheint mir schlüssig zu sein, allerdings würde sie das von uns herausgestellte Problem nicht lösen. Im Gegenteil: Wer kapitalistische Marktwirtschaften im Lichte einer antikapitalistischen Freiheitskonzeption betrachtet, analysiert und kritisiert seinen Untersuchungsgegenstand *nicht* im Rückgriff auf die ihm zugrundeliegenden „Ideale und Werte". Er tut mithin etwas, was der sozialtheoretischen und der methodischen Grundannahme der Honneth'schen Sozialphilosophie nicht entspricht,[42] und erweckt damit den Eindruck, „normative Prinzipien" (14) und gesellschaftstheoretische Überlegungen voneinander zu entkoppeln – was vom Standpunkt des *Rechts der Freiheit* ja gerade unzulässig ist.

Was folgt aus unserem Problemaufriss hinsichtlich des Vorhabens, die moderne und zeitgenössische Ökonomie im Rahmen einer normativen Rekonstruktion zu analysieren und zu kritisieren? Geht man mit Honneth davon aus, dass die rechtlich gesicherte negative Freiheit „ein unverzichtbares Element des moralischen Selbstverständnisses der Moderne" (58) und zugleich die Legitimations-

---

zum Verhältnis von sozialer Freiheit und marktsozialistischen Institutionen *Kuch* (2016).

[42] Siehe oben, Abschnitt 1.

grundlage des neoliberalen Kapitalismus ist, dann lässt sich in programmatischer Hinsicht Folgendes feststellen: Die normative Rekonstruktion der Ökonomie muss erstens anerkennen, dass die Verwirklichung von selbstgewählten Zielen mit den Mitteln eines demokratisch legitimierten Rechts auch als solche[43] Freiheit stiftet und nach Maßgabe dieses „ethischen Wertes" (35) wertvoll ist; nur so kann sie sicherstellen, dass sie den oben genannten Problemen P-1 und P-2 nicht ausgesetzt ist. Aber, so mag man an dieser Stelle einwenden, nimmt sich die normative Rekonstruktion damit nicht jede Möglichkeit, den neoliberalen Kapitalismus einer gründlichen Kritik zu unterziehen? Das wäre nur dann der Fall, wenn die rechtlich gesicherte negative Freiheit der *einzige* Wert sein würde, welcher der modernen und zeitgenössischen Ökonomie zugrundeliegt. Die normative Rekonstruktion wird also zweitens zu zeigen haben, dass es weitere solcher „Werte" (18) gibt. Gelingt ihr dieser Nachweis, wird sie drittens zu untersuchen haben, ob der neoliberale Kapitalismus nicht deshalb defizitär ist, weil er die rechtlich gesicherte negative Freiheit unter Vernachlässigung oder sogar auf Kosten dieser anderen Werte zur Entfaltung bringt. Eine solche Kritik würde anerkennen, dass die Verwirklichung selbstgewählter Zwecke mit rechtlichen Mitteln als solche Freiheit stiftet, und könnte deshalb nicht in diejenige „Verlegenheit" (460) geraten, die das Problem P-3 ausmacht. Viertens schließlich wird die normative Rekonstruktion dar-

---

[43] Siehe oben, Anmerkung 30.

zulegen haben, in welcher logischen Beziehung die der Ökonomie zugrundeliegenden Werte zu Märkten und speziell zu kapitalistischen Märkten stehen. Sollte sich herausstellen, dass diese Werte zum einen Elemente haben, die nur durch kapitalistische Märkte realisiert werden können, und zum anderen Bestandteile, deren Verwirklichung durch kapitalistische Märkte gefährdet oder sogar verunmöglicht wird, würden wir besser verstehen, warum die theoretische und politische Auseinandersetzung um diese „Kerninstitutionen der Moderne" (333) zu den Grundkonflikten moderner, liberaldemokratischer Gesellschaften gehört. Mit einem solchen Befund würde die normative Rekonstruktion zugleich sicherstellen, dass sie von dem obigen Problem P-4 nicht betroffen ist.

4. Hegels Sozialphilosophie

Lässt sich das Projekt einer normativen Rekonstruktion der modernen und zeitgenössischen Ökonomie erfolgreich ausführen? Kann es so bearbeitet werden, dass es den von uns genannten Problemen (P-1 bis P-4) nicht ausgesetzt ist und Ergebnisse zeitigt, die vom Standpunkt der Kritischen Theorie relevant sind? Und welche Antworten würden auf diesem Wege auf unsere eingangs gestellten Fragen (F-1 und F-2) gegeben werden?

Meines Erachtens stellt Hegels Sozialphilosophie bisher vernachlässigte Ressourcen zur Verfügung, die den genannten Anforderungen genügen und bezüglich der Fragen F-1 und F-2 aufschlussreich sind. Diese Einschätzung werde ich in dem verbleibenden Teil meiner Untersuchung ausarbeiten und begründen. Ich werde zunächst darlegen, dass die Mitglieder moderner westlicher Gesellschaften nach Hegels Auffassung eine spezifische „sittliche Gesinnung" (§ 207)[44] haben (5), der sich

---

[44] Zitate aus und Verweise auf Hegels *Grundlinien der Philosophie des Rechts* werden durch die Angabe des Paragraphen im Haupttext ausgewiesen. Ich zitiere dieses Werk nach der in den *Gesammelten Werken* vorliegenden Ausgabe. Zusätze und Randbemerkungen zu Paragraphen der *Grundlinien* zitiere ich nach Band 7 der *Werke*.

entnehmen lässt, welche Arbeiten sie für geeignet halten, ihre gesellschaftliche Zugehörigkeit herzustellen (6). Aus Hegel'scher Sicht enthält diese Gesinnung ein Element, das nur durch privatrechtliche und marktwirtschaftliche Einrichtungen institutionell gesichert werden kann, und sie hat einen anderen Bestandteil, dessen Verwirklichung durch eben diese Institutionen gefährdet, wenn nicht verunmöglicht wird. Weil das so ist, sind Märkte in Hegels Urteil *sittlich ambivalent* (7–8). Auf der Grundlage dieser Überlegungen ist der Neoliberalismus als eine neue Einseitigkeit zu kritisieren. Für ihn ist *allein* dasjenige Element der sittlichen Gesinnung, das privatrechtlich und marktwirtschaftlich gesichert werden kann, ethisch wertvoll, und deshalb muss er die normativen Erwartungen der Menschen insgesamt enttäuschen (9). Wie ich abschließend darlegen werde, wird die Integration der genannten Hegel'schen Ressourcen in das Projekt der normativen Rekonstruktion der Ökonomie nicht nur den methodischen Erfordernissen, sondern auch den politischen Erwartungen der Kritischen Theorie gerecht (10).

5. Die sittliche Gesinnung der Mitglieder moderner Gesellschaften

Hegel ist der Überzeugung, dass sich in Westeuropa zu seinen Lebzeiten eine neue Form von Gesellschaft bildet, die als „bürgerliche Gesellschaft" (§ 182) anzusehen ist. Die Entstehung bürgerlicher Gesellschaften führt Hegel auf politische und wirtschaftliche Umbrüche im späten 18. und frühen 19. Jahrhundert zurück – vor allem die Französische Revolution und die von England ausgehende Industrialisierung. Nach seiner Auffassung unterscheiden sich bürgerliche Gesellschaften nicht nur in institutioneller Hinsicht, sondern auch durch die „sittliche Gesinnung" ihrer Angehörigen von anderen Gesellschaften.[45] In seinem sozialphilosophischen Hauptwerk, den *Grundlinien der Philosophie des Rechts*, charakterisiert Hegel diese Gesinnung wie folgt:

> „Die sittliche Gesinnung [...] ist daher [...], sich, und zwar aus eigener Bestimmung, durch seine Thätigkeit, Fleiß und Geschicklichkeit zum Gliede eines der

---

[45] Hegel, der bekanntlich zwischen der bürgerlichen Gesellschaft und dem politischen Staat unterschied, war der Ansicht, dass die Mitglieder eines wohlgeordneten modernen Gemeinwesens auch *als Staatsbürger* eine spezifische Gesinnung haben. Vgl. *Schmidt am Busch* (2017). Hierauf werden wir im Folgenden nicht eingehen müssen.

Momente der bürgerlichen Gesellschaft zu machen und als solches zu erhalten und nur durch diese Vermittelung mit dem Allgemeinen für sich zu sorgen, sowie dadurch in seiner Vorstellung und der Vorstellung anderer *anerkannt* zu seyn." (§ 207)

Wie ist diese Aussage zu verstehen? Wenn Hegel feststellt, dass ein Mensch „sich zum Gliede eines der Momente der bürgerlichen Gesellschaft" macht, sich „als solches" erhält und „nur durch diese Vermittelung mit dem Allgemeinen für sich" sorgt, dann meint er, dass die fragliche Person den eigenen Lebensunterhalt dadurch sichert, dass sie als berufstätige im Rahmen der gesellschaftlichen Arbeitsteilung Güter herstellt oder Dienste anbietet, von denen andere Menschen einen Nutzen haben. Warum aber, so ist zu fragen, spricht der Autor der *Grundlinien* im vorliegenden Zusammenhang von einer *sittlichen* Einstellung? Was meint er, wenn er behauptet, dass der Einzelne in einer bürgerlichen Gesellschaft die „sittliche Gesinnung" hat, „aus eigener Bestimmung" und durch eigene „Thätigkeit" seinen Lebensunterhalt dadurch zu sichern, dass er mit seiner Arbeit zur Sicherung des Lebensunterhalts anderer Menschen beiträgt? Und warum ist er, wie Hegel schreibt, „dadurch in seiner Vorstellung und der Vorstellung anderer anerkannt"?

Diese Fragen lassen sich recht präzise beantworten. Zunächst ist zu beachten: Für ein Mitglied einer bürgerlichen Gesellschaft, A, ist es wichtig, aus eigener Bestimmung eine Arbeit zu erlernen und auszuüben und so den eigenen Lebensunterhalt durch Beiträge zur Sicherung des Lebensunterhalts der anderen Gesellschaftsmitglieder zu sichern (im

Folgenden: X zu tun). A möchte, dass nicht nur er, sondern auch die anderen Gesellschaftsmitglieder den eigenen Lebensunterhalt sichern können, und er glaubt, dass seine berufliche Tätigkeit hierzu einen Beitrag leistet. Diese Tätigkeit übt A also nicht nur deshalb aus, um Geld zur eigenen Verfügung zu haben – sodass er aufhören würde zu arbeiten, wenn ihm dies finanziell möglich wäre, etwa im Falle einer Erbschaft oder eines Lottogewinns. Vielmehr legt A aus dem genannten Grunde Wert darauf, seinen Lebensunterhalt durch Teilnahme an der gesellschaftlichen Produktion von Gütern und Dienstleistungen zu sichern.

Damit hat A eine *evaluative* und *volitional-praktische* Einstellung, die ihm hilft, das eigene Leben zu strukturieren. Diese Einstellung ermöglicht es ihm etwa, Wünsche, die er hat, zu bewerten, anzunehmen oder zu verwerfen, oder Handlungen, die ihm offenstehen, nach Maßgabe der Erfordernisse des X-Tuns als angemessen oder unangemessen, als sinnvoll oder nicht-sinnvoll zu beurteilen. Deshalb hat diese Einstellung einen erheblichen Einfluss auf A's Selbstverständnis und praktische Identität.

A, so ist ferner festzustellen, geht wie selbstverständlich davon aus, dass es auch für die anderen Gesellschaftsmitglieder (B, C usw.) wichtig ist, X zu tun – da auch sie möchten, dass jede Bürgerin und jeder Bürger den eigenen Lebensunterhalt sichern kann. Mehr noch: A – wie auch B und C – steht auf dem Standpunkt, dass es *normativ* richtig ist, dass jeder von ihnen, sofern es ihm möglich ist, X tut. Damit verfügt A – ebenso wie B und C – über einen Maßstab, der es ihm ermöglicht, das eigene Verhalten und das der anderen als gut oder schlecht, als lobens- oder tadelnswert einzustufen – je nachdem, ob es normerfüllend oder normwidrig ist. Hierbei ist zu beachten, dass diese Norm besagt, dass jedes Gesellschaftsmitglied X tun soll, *sofern es ihm möglich ist*. Personen, denen es etwa aufgrund von Behinderungen unmöglich ist, X zu tun, verhalten sich also nicht dadurch normwidrig, dass sie X nicht tun.

Schließlich lässt sich Hegels oben zitierter Aussage entnehmen, dass es den Mitgliedern einer bürgerlichen Gesellschaft wichtig ist, wertgeschätzt („anerkannt") zu werden, wenn sie X tun; dass sie ohne weiteres bereit sind, einander wertzuschätzen, wenn sie X tun; und dass sie es für angemessen oder normativ richtig halten, dass Personen, die X tun, hierfür wertgeschätzt werden. Diese Elemente der Einstellung der Gesellschaftsmitglieder sind nur deshalb verständlich, weil das X-Tun eine Aktivität ist, die nicht mühelos gelingt. Würde es etwa im Grüßen von Nachbarn bestehen, könnte es – jedenfalls unter normalen Umständen – keine geeignete Grundlage von Wertschätzung bilden, sondern wäre etwas, was die Menschen wie selbstverständlich voneinander erwarten würden. Demgegenüber besteht das X-Tun im vorliegenden Fall darin, aus eigener Bestimmung eine Arbeit zu erlernen und auszuüben und so den eigenen Lebensunterhalt durch Beiträge zur Sicherung des Lebensunterhalts der anderen Gesellschaftsmitglieder zu sichern – also in einer zeitlich ausgedehnten, komplexen Aktivität, deren Gelingen Entschlossenheit, Verzicht und Anstrengung erfordert. Weil das so ist, können sich Mitglieder bürgerlicher Gesellschaften aufgrund dieses Tuns wechselseitig Wertschätzung entgegenbringen.

Halten wir fest: Wenn Hegel von der sittlichen Gesinnung der Mitglieder bürgerlicher Gesellschaften spricht, meint er eine Einstellung, die evaluative, normative und volitional-praktische Elemente hat und Überzeugungen bezüglich des Vorhandenseins dieser Elemente (bei sich selbst und anderen Personen) einschließt. Wie aus den vorangehenden Überlegungen erhellt, hat eine solche Einstellung einen prägenden Einfluss auf das Selbstverständnis der Menschen, ihre Lebensführung sowie die gesellschaftlichen Beziehungen, die sie zueinander unterhalten.

Im Hinblick auf unsere weiteren Überlegungen ist ein Element der sittlichen Gesinnung näher zu untersuchen, das von Hegel selbst herausgestellt wird: das der „eigenen Bestimmung", aus der der Einzelne sich zu einem Mitglied eines „Moments", lies: einer Berufsgruppe, der bürgerlichen Gesellschaft macht und als solches erhält. In einer solchen Gesellschaft, so stellt Hegel hierzu fest, liegt

„die letzte und wesentliche Bestimmung [...] in *der subjectiven Meynung* und *der besondern Willkühr*, die sich in dieser Sphäre ihr Recht, Verdienst und ihre Ehre giebt, so daß, *was* in ihr [...] geschieht, zugleich *durch die Willkühr vermittelt* ist und für das subjective Bewußtseyn die Gestalt hat, das Werk seines Willens zu seyn" (§ 206).

Was muss demnach der Fall sein, damit eine Person A sich „aus eigener Bestimmung" zu einem Mitglied eines „Moments" der bürgerlichen Gesellschaft macht und als solches erhält? Im vorliegenden Zusammenhang ist es nicht nur erforderlich, dass es überhaupt eine Entscheidungssituation gibt – dass also nicht unter Bezugnahme auf Faktoren wie soziale Herkunft oder ethnische Zugehörigkeit verbindlich geregelt ist, wer welche Arbeiten zu verrichten hat –; ferner, dass niemand – eine andere Person oder eine Institution – anstelle von A entscheidet, welche Arbeit er erlernt und ausübt; und schließlich, dass A nicht genötigt wird – von einer Privatperson oder einem Vertreter einer gesellschaftlichen oder staatlichen Einrichtung –, sich mit der Übernahme einer bestimmten beruflichen Arbeit einverstanden zu erklären. Vielmehr muss A darüber hinaus *berechtigt* sein, Mitglied der unterschiedlichen „Momente" der bürgerlichen Gesellschaft zu werden – eine Bestimmung, die dann erfüllt ist, wenn es keine Gesetze und Bräuche gibt, die es A untersagen, bestimmte berufliche Tätigkeiten auszuüben – und sich nach Maßgabe seiner „Meynung" und seiner Präferenzen („besondern Willkühr") zu konkreten beruflichen Optionen zu verhalten, und zwar *ohne dazu verpflichtet* zu sein, die Gründe seiner Entscheidung (zu Gunsten oder zu Ungunsten der jeweiligen beruflichen Tätigkeit) offenzulegen, zur Diskussion zu stellen oder einer Prüfung zu unterziehen.[46] Nur wenn auch diese Bedingungen erfüllt sind, werden A selbst und seine Mitbürgerinnen und Mitbürger die Überzeugung haben, dass diejenige berufliche Tätigkeit, durch

---

[46] Das schließt selbstverständlich nicht aus, dass A dazu berechtigt ist, dies zu tun.

die sich A zu einem Mitglied eines „Moments" der bürgerlichen Gesellschaft macht und als solches erhält, durch seine „Willkühr" vermittelt bzw. „das Werk seines Willens" ist. Und nur dann werden sie der Auffassung sein, dass die fragliche Tätigkeit eine ist, die A „aus eigener Bestimmung" ausübt.

6. Was wollen wir, wenn wir arbeiten?

Was wollen wir, wenn wir arbeiten? Diese Frage (F-1) wird von Hegel zum Teil anders beantwortet als von Honneth.[47] Legen wir unsere bisherigen Überlegungen zugrunde, dann können wir feststellen: Im Bereich der Ökonomie möchten wir, die Mitglieder moderner westlicher Gesellschaften, als selbstbestimmte Individuen („aus eigener Bestimmung") unseren Lebensunterhalt dadurch sichern, dass wir arbeitend füreinander tätig sind. Auf diese Weise möchten wir unsere gesellschaftliche Zusammengehörigkeit bzw. unsere volle Zugehörigkeit zu der Gesellschaft, deren Bürger wir sind, herstellen. Jeder von uns weiß, dass er zur Sicherung des eigenen Lebensunterhalts auf Güter angewiesen ist, die andere Gesellschaftsmitglieder produziert haben, und jeder von uns ist ohne weiteres bereit, diese anderen für ihre Arbeit wertzuschätzen. Kraft unserer „sittlichen Gesinnung" verstehen wir uns also im Honneth'schen Sinne als ergänzungsbedürftig, und wir anerkennen uns auf eine Art und Weise, die begrifflich von sozialer Frei-

---

[47] Den Einwand, dass es unzulässig sei, die vor knapp 200 Jahren entstandenen Überlegungen Hegels auf uns zu beziehen, werde ich weiter unten aufgreifen. Siehe Abschnitt 10.

heit gefordert wird.[48] Was wir uns aber in der Sphäre der Ökonomie nicht allgemein entgegenbringen (möchten), ist Anteilnahme in Honneths Verständnis des Wortes. Das, was jeder von uns (von sich selbst und den anderen) normativ erwartet, ist nämlich *nicht* ein Sich-zu-eigen-Machen der Wünsche der jeweils anderen, sondern die Bereitschaft, die eigenen Wünsche durch Beiträge zur Erfüllung der Wünsche der anderen zu erfüllen. Deshalb ist Anteilnahme, ein Element sozialer Freiheit, kein Bestandteil derjenigen Gesinnung, die wir als Mitglieder moderner Volkswirtschaften im Allgemeinen[49] haben.

Hegels Bestimmung der sittlichen Gesinnung erfüllt die ersten beiden Anforderungen, die wir im Zuge unseres Problemaufrisses herausgestellt haben.[50] Anders als Honneth hält Hegel die Realisierung von selbstgewählten Zwecken mit den Mitteln des Rechts auch als solche[51] für freiheitsstiftend,[52] und er ist darüber hinaus der Auffassung, dass ein

---

[48] Siehe oben, Abschnitte 1 und 2.

[49] Das schließt nicht aus, dass wir am Wohl *bestimmter* Anderer, etwa unserer Arbeitskollegen, Anteil nehmen. Dieses Thema wird von Hegel im Rahmen seiner Theorie der Korporation behandelt. Vgl. hierzu *Schmidt am Busch* (2011), 223–285 und *Ellmers/Herrmann* (2016).

[50] Siehe oben, Abschnitt 3.

[51] Siehe oben, Anmerkung 30.

[52] Warum er *nicht* der Auffassung ist, dass das oben genannte Handeln notwendigerweise mit einer strategischen Behandlung anderer Menschen einhergeht, legt Hegel in den *Grundlinien* explizit dar. Vgl. z.B. § 38 dieser Schrift.

solches Handeln nicht der einzige „Wert" (18) ist, der in der Sphäre der Ökonomie verwirklicht werden sollte.[53] Denn seines Erachtens möchten wir, die Bürgerinnen und Bürger moderner Gesellschaften, ja aus eigener Bestimmung – das heißt: *ohne dazu verpflichtet* zu sein, die Gründe unserer Entscheidungen offenzulegen, zur Diskussion zu stellen oder einer Prüfung zu unterziehen – uns zu Angehörigen der Arbeitswelt machen, während es uns zugleich sehr wichtig ist, durch „komplementäre" (85) produktive und konsumtive Handlungen füreinander tätig zu sein. Da sie die oben genannten Probleme P-1 und P-2 also nicht aufwirft, bildet Hegels Theorie der sittlichen Gesinnung für das Projekt der normativen Rekonstruktion der Ökonomie – zumindest *prima facie*[54] – einen günstigeren Ausgangspunkt als Honneths Konzeption sozialer Freiheit.

---

[53] Ich beschreibe Hegels Position in diesem Absatz unter Verwendung Honneth'scher Begriffe.
[54] Siehe unten, Abschnitt 10.

7. Die sittliche Ambivalenz von Märkten

Warum sind Märkte sittlich ambivalente Institutionen? Im Zuge der Erörterung dieser Frage ist zunächst anzugeben, was Hegel unter Märkten versteht. Seine Überlegungen zu diesem Thema – aus seinen Jenaer Schriften und den *Grundlinien der Philosophie des Rechts* – lassen sich zu folgendem Bild zusammenfügen:[55]

1. Marktteilnehmer sind Menschen, die keine Selbstversorger sind (vgl. § 183) und mit Gütern unterschiedlicher Arten (materiellen Gütern, Arbeitsleistungen, Geld) handeln (vgl. § 80).

2. An Märkten werden diese Güter nicht „einem Individuum als solchem, sondern ihm als Allgemeinem, dem Publikum angeboten" (§ 236). Marktteilnehmer unterhalten also keine *Face-to-face*-Beziehungen.

3. Menschen, die an Märkten handeln, „anerkennen" einander „als Personen und Eigentümer"

---

[55] Im vorliegenden Abschnitt fasse ich einige Ergebnisse von Untersuchungen zusammen, die ich an anderer Stelle geführt habe. Vgl. *Schmidt am Busch* (2016a) und (2017). Vgl. zu Hegels Theorie des Marktes nun auch *Buchwalter* (2015), *Ellmers* (2015), *Herzog* (2013), *Klikauer* (2016) und *Quante* (2016).

(§ 71). Kraft dieser Anerkennung halten sie einander für berechtigt, als „Einzelne" (§ 46, Randbem.) bzw. unabhängig voneinander zu entscheiden, ob und zu welchen Konditionen sie Dinge, die in ihr privates Eigentum fallen, und Leistungen, die sie erbringen können, zum Verkauf anbieten möchten und ob und zu welchen Konditionen sie Dinge oder Leistungen anderer Marktteilnehmer erwerben möchten.

4. Die rechtlichen „Befugnisse" (§ 38) und Verpflichtungen, welche die Marktteilnehmer als Personen und Eigentümer haben, werden durch privatrechtliche Institutionen spezifiziert und gesichert, die Hegel „das abstracte Recht" (§ 34) nennt.[56]

5. Die Preise der an Märkten gehandelten Güter hängen von der gesamtgesellschaftlichen Güternachfrage und dem gesamtgesellschaftlichen Güterangebot ab (vgl. § 236). Weil sie aus Entscheidungen resultieren, welche die Marktteilnehmer (im Prinzip) unabhängig voneinander treffen, werden diese Preise (im Prinzip) „atomistisch"[57] gebildet.

6. Die Preise der an Märkten gehandelten Güter erfüllen eine Informationsfunktion: Sie zeigen den Marktteilnehmern an, welche Kosten bei der Produktion von Gütern (zu der fraglichen Zeit) entstehen und welche Einnahmen mit dem Verkauf von Gütern (zu der fraglichen

---

[56] Vgl. zu diesem „Teil" der Hegel'schen *Grundlinien* Mohseni (2014).

[57] *Hegel* (1998), 351.

Zeit) zu erzielen sind. Damit geben sie ihnen zu erkennen, „ob das Produzieren eines solchen Überflusses die Möglichkeit der Totalität der Bedürfnisse ist, ob ein Mensch sich davon ernähren kann"[58].

7. Mittels eines konkurrenzwirtschaftlichen Preisbildungsmechanismus tendieren Märkte dazu, „auf dem Wege bewußtloser Notwendigkeit" das gesamtgesellschaftliche Güterangebot und die gesamtgesellschaftliche Güternachfrage „aus[zu]gleichen" (§ 236, Anm.) und so „das richtige Verhältnis im Ganzen von selbst her[zu]stell[en]" (§ 236).

Hieraus ergibt sich: Wenn er von Märkten spricht, bezieht sich Hegel auf ein *privatrechtlich strukturiertes marktwirtschaftliches System*, in dem der Preis eines jeden Gutes von denen aller anderen abhängt. Wie er selbst bemerkt, ist sein Marktverständnis ein modernes: Es ist geprägt durch „eine der Wissenschaften, die in neuerer Zeit als ihrem Boden entstanden" sind: die klassische Ökonomie, die Hegel in den Schriften von „Smith, Say [und] Ricardo" (§ 189, Anm.) vorlag.

Nach Hegels Auffassung ist ein so beschaffenes marktwirtschaftliches System in *sittlicher* Hinsicht *ambivalent*: Es hat Eigenschaften, durch die es die Ausbildung oder Aufrechterhaltung der sittlichen Gesinnung der Mitglieder bürgerlicher Gesellschaften begünstigt, während es zugleich andere Eigenschaften hat, durch die es die Ausbildung

---

[58] Ebd.

oder Aufrechterhaltung eben dieser Gesinnung gefährdet. Dass dies so ist, erklärt Hegel zum einen mit den rechtlichen Rahmenbedingungen, zum anderen mit der Funktionsweise von Märkten.

Menschen, die an Märkten handeln, halten einander für berechtigt, unabhängig voneinander zu entscheiden, ob und zu welchen Konditionen sie Dinge, die in ihr privates Eigentum fallen, anbieten oder verkaufen möchten, und sie halten einander für berechtigt, unabhängig voneinander zu entscheiden, ob und zu welchen Konditionen sie Leistungen, die sie erbringen können, anderen Marktteilnehmern zur Verfügung stellen oder von ihnen nachfragen möchten.[59] In diesem Zusammenhang halten sie sich nicht für verpflichtet, die Gründe ihrer jeweiligen Entscheidungen offenzulegen. Weil das so ist, findet ein Austausch von Gütern oder Leistungen an Märkten genau dann statt, wenn die beteiligten Akteure als „Einzelne" (§ 46, Randbem.) dies wollen. Nur wenn sie einwilligen, kann ein möglicher Vertragsabschluss also tatsächlich zustande kommen. Deshalb geht ein solches Ereignis für sie mit der Erfahrung einer, von den anderen Vertragspartnern als „Personen und Eigentümer" (§ 71) anerkannt zu sein.

Zugleich sind Menschen, die an Märkten handeln, durch die gesellschaftlichen und staatlichen Institutionen anerkannt. Die Organe des abstrakten Rechts geben den „Befugnissen" (§ 38), welche die Marktteilnehmer haben, sowie den diesen Befug-

---

[59] Siehe oben, Abschnitt 7, Punkte 3 und 4.

nissen korrespondierenden „Verboten" (§ 38) eine gesetzliche Form,[60] sie klären Streitigkeiten zwischen Marktteilnehmern mit gerichtlichen Mitteln und sie sorgen dafür, dass vertragliche Vereinbarungen, auf die Marktteilnehmer sich verständigen, tatsächlich eingehalten werden. Indem sie diese Aufgaben wahrnehmen, stellen die Organe des abstrakten Rechts sicher, dass die Marktteilnehmer als Personen und Eigentümer eine „geltende Wirklichkeit" (§ 208) haben.

Wie unschwer zu erkennen ist, stärken Märkte auf diesem Wege *eines der Elemente* der sittlichen Gesinnung von Bürgerinnen und Bürgern: das der „eigenen Bestimmung", aus der einer beruflichen Tätigkeit nachgegangen wird.[61] Als Personen, die an Märkten Güter und Leistungen anbieten und

---

[60] Anders als viele Vertreter der Kritischen Theorie unterscheidet Hegel damit zwischen (i) rechtlichen Normen, die von den Adressaten derselben verlangen, sich auf eine bestimmte Art und Weise zu verhalten, ob sie dies wollen oder nicht, und (ii) rechtlichen Normen, die den Adressaten derselben spezifische Befugnisse geben.

[61] Aus dem oben genannten Umstand, dass es den Mitgliedern moderner Gesellschaften wichtig ist, sich „aus eigener Bestimmung" zu Angehörigen der Arbeitswelt zu machen, folgt nicht, dass es ihnen auch wichtig ist, in der Sphäre des Konsums aus eigener Bestimmung zu agieren. Allerdings glaubt Hegel, dass Letzteres der Fall ist, und er ist ferner der Überzeugung, dass Konsumgütermärkte grundsätzlich geeignet sind, Menschen, die an ihnen handeln, aus eigener Bestimmung agieren zu lassen. Vgl. hierzu *Schmidt am Busch* (2016a), 106–112.

nachfragen,[62] erfahren die Menschen nämlich, dass sie die Berechtigung haben, Mitglied der unterschiedlichen „Momente" bzw. der unterschiedlichen beruflichen Bereiche der Gesellschaft zu werden und sich zu konkreten beruflichen Optionen nach Maßgabe ihrer „Meynung" und ihrer Präferenzen („subjectiven Willkühr") zu verhalten, ohne über die Gründe ihrer jeweiligen Entscheidungen Auskunft geben zu müssen. Deshalb sind Märkte Institutionen, die zur Ausbildung oder Aufrechterhaltung der sittlichen Gesinnung von Bürgerinnen und Bürgern *positive* Beiträge leisten können.

Andererseits ist Hegel der Auffassung, dass ein marktwirtschaftliches System der oben beschriebenen Art Eigenschaften hat, durch die es die Ausbildung oder Aufrechterhaltung der sittlichen Gesinnung von Bürgerinnen und Bürgern gefährdet. Diese Einschätzung mag überraschen. Wie gesehen, signalisiert ein solches System nämlich dem Einzelnen durch die Preise der gehandelten Güter und Leistungen, mit welchen beruflichen Tätigkeiten er zur Befriedigung der Bedürfnisse anderer Marktteilnehmer beitragen und den eigenen Lebensunterhalt sichern kann, und es gibt ihm die rechtliche Freiheit, die fraglichen Tätigkeiten auszuüben. Ein marktwirtschaftliches System *scheint* deshalb ein Institutionenkomplex zu sein, der die Mitglieder ei-

---

[62] Wie aus unseren weiteren Überlegungen hervorgeht, ist Hegel aber der Auffassung, dass ein privatrechtlich strukturiertes marktwirtschaftliches System nicht sicherstellen kann, dass alle Bürgerinnen und Bürger tatsächlich als Anbieter und Nachfrager von Gütern und Leistungen auftreten können.

ner bürgerlichen Gesellschaft genau das tun lässt, was sie kraft ihrer sittlichen Gesinnung tun wollen – nämlich, „sich, und zwar aus eigener Bestimmung, durch [eigene] Thätigkeit, Fleiß und Geschicklichkeit zum Gliede eines der Momente der bürgerlichen Gesellschaft zu machen und als solches zu erhalten". Warum glaubt Hegel, dass dies *nicht* der Fall ist? Seine diesbezüglichen Überlegungen lassen sich wie folgt zusammenfassen:

1. Ein marktwirtschaftliches System kann nicht sicherstellen, dass jeder Bürger und jede Bürgerin *tatsächlich* die Möglichkeit hat, einer Arbeit nachzugehen. Denn es ist ja nicht auszuschließen, dass Marktteilnehmer diejenigen Qualifikationen, die sie für die Ausübung beruflicher Tätigkeiten benötigen, aufgrund von natürlichen oder sozialen Gegebenheiten weder haben noch erwerben können (vgl. § 237); dass Änderungen der gesamtgesellschaftlichen Nachfrage größere Preisschwankungen auslösen, die zumindest vorübergehend zu einem Verlust von Arbeitsplätzen führen (vgl. § 236); oder dass technologische Innovationen das Beschäftigungsniveau in einzelnen Branchen dauerhaft verringern (vgl. § 243). Darüber hinaus glaubt Hegel, dass ein marktwirtschaftliches System *in the long run* die Entstehung von Monopolen begünstigt, also von Unternehmen, die dem oben genannten Preisbildungsmechanismus[63] enthoben sind und die Macht haben, das Angebot an Gütern und Arbeitsplätzen nach ihren

---

[63] Vgl. Punkt 7 im vorliegenden Abschnitt.

Vorstellungen und Interessen zu verknappen. „Umstände" (§ 241) wie diese erklären seines Erachtens, warum Menschen in einem marktwirtschaftlichen System nicht nur vorübergehend unfreiwillig arbeitslos sein können.

2. Ein marktwirtschaftliches System kann nicht sicherstellen, dass diejenigen, die einer Arbeit nachgehen, dadurch *durchgängig* ein Einkommen erzielen, mit dem sie ihren Lebensunterhalt sichern können (vgl. § 244). Dass dies so ist, ergibt sich ohne weiteres aus der Annahme des oben genannten Preisbildungsmechanismus. Hieraus folgt, dass Märkte auch im Fall von erwerbstätigen Personen die Erfordernisse der sittlichen Gesinnung nicht notwendigerweise erfüllen.

3. Ein marktwirtschaftliches System kann nicht sicherstellen, dass Berufstätige sich *planmäßig* durch eigene „Thätigkeit, Fleiß und Geschicklichkeit zu[] Gliede[rn] eines der Momente der bürgerlichen Gesellschaft" machen und „als solche[]" erhalten. Denn Märkte können sich derart dynamisch entwickeln, dass sie Berufstätige zu einem Spielball von (preislichen) Entwicklungen machen, die für sie nicht vorhersehbar sind.[64] Wenn Menschen sich aber, wie Hegel schreibt, „in dem Fall eines Spielers"

---

[64] Für Richard Sennett sind Menschen, die unter solchen Bedingungen arbeiten, *drifter*: Sie treiben von Job zu Job, von Beschäftigung zu Beschäftigung und können keine kohärente Berufs- und Lebensgeschichte ausbilden. Vgl. *Sennett* (1998).

befinden, werden sie berufliche Erfolge, die sie haben, nicht als ihr Verdienst ansehen können, sondern auf „Zufälligkeiten"[65] zurückführen müssen.[66] Damit aber wird es ihnen nicht möglich sein, die für ihre sittliche Gesinnung charakteristische Wertschätzungsstruktur zu realisieren.[67] Aus diesem Grunde können Märkte Umstände schaffen, unter denen sogar gut verdienende Berufstätige nicht gemäß ihrer sittlichen Gesinnung leben können.

4. Ein marktwirtschaftliches System kann nicht sicherstellen, dass berufliche Tätigkeiten ein *Anforderungsprofil* haben, das der sittlichen Gesinnung der Menschen entspricht. Gewiss, viele Arbeiten, die einen Marktpreis erzielen, können nur von Personen ausgeübt werden, die spezifische Qualifikationen („Geschicklichkeit") haben und bestimmte Tätigkeiten selbständig ausführen können; allerdings gibt es auch bezahlte Arbeiten, die inhaltlich anspruchslos sind und auf Seiten der Berufstätigen keinerlei Selbständigkeit (Urteilskraft, Entscheidungskompetenz) voraussetzen. Nach Hegels Urteil tendieren Personen in derartigen Beschäftigungsverhältnissen dazu, *sich selbst* als unselbständig und abhängig anzusehen, und sie entwickeln vielfach sogar eine „Unfähigkeit der Empfindung und des Genusses der weiteren

---

[65] *Hegel* (2015), § 253.
[66] Ich lasse hier die Möglichkeit von (Selbst-)Täuschungen außer Acht.
[67] Siehe oben, Abschnitt 5.

Freiheiten und besonders der geistigen Vorteile der bürgerlichen Gesellschaft" (§ 243).

5. Ein marktwirtschaftliches System kann nicht verhindern, dass sich ökonomische *Machtpositionen* ausbilden, die der sittlichen Gesinnung der Bürger und den rechtlichen Rahmenbedingungen von Märkten abträglich sind. In einer Vorlesung aus den Jahren 1821 und 1822 findet Hegel hierzu drastische Worte: „Es giebt auch reichen Pöbel. Denn der Reichthum ist eine Macht und diese Macht des Reichthums findet leicht, daß er auch die Macht ist über das Recht, der Reiche kann sich aus vielem herausziehen, was Anderen übel bekommen würde. [...] Man kann dies dann auch Verdorbenheit nennen, daß der Reiche sich Alles für erlaubt hält."[68]

Aus diesen Überlegungen zieht Hegel folgenden Schluss: In einem privatrechtlich strukturierten marktwirtschaftlichen System werden früher oder später Entwicklungen stattfinden, die es vielen Bürgern unmöglich machen, gemäß ihrer sittlichen Gesinnung zu leben, und die bei einigen von ihnen sogar zu einem Verlust dieser Gesinnung führen. Menschen, die ohne Aussicht auf eine Anstellung sind, Menschen, die mit ihrer Arbeit ihren Lebensunterhalt nicht sichern können, Menschen, die monotone und abstumpfende Tätigkeiten ausüben, Menschen, die keine Möglichkeit haben, ihr berufliches Leben vorausschauend zu gestalten, sondern

---

[68] *Hegel* (2015), § 244. – Vgl. zu Hegels Theorie des „Pöbels" *Ruda* (2011) und *Carré* (2013).

vielmehr von einem Job zum nächsten *driften*, werden nicht der Auffassung sein, in einer Gesellschaft zu leben, deren Mitglieder sich durch eigene „Thätigkeit, Fleiß und Geschicklichkeit zu[] Gliede[rn] eines der Momente" dieser Gesellschaft machen und „als solche[]" erhalten können. Wie Hegel vermutet, werden solche Menschen eher eine Haltung annehmen, die von „Empörung gegen die Reichen, gegen die Gesellschaft, gegen die Regierung usw." (§ 244, Zs.) geprägt ist.

8. Drei Thesen

Möchte man verstehen, welche Grundlagen das Hegel'sche Denken der Kritik des Neoliberalismus zur Verfügung stellt, wird man die unten genannten Thesen in Betracht zu ziehen haben, die in den *Grundlinien der Philosophie des Rechts* vertreten werden. Sie betreffen die von uns analysierte sittliche Gesinnung der Mitglieder moderner Gesellschaften.

Th-1: Die sittliche Gesinnung hat ein Element – nämlich das Handeln „aus eigener Bestimmung" (§ 207) –, dessen institutionelle Sicherung privatrechtliche und marktwirtschaftliche Einrichtungen erfordert.

Th-2: Die sittliche Gesinnung hat ein Element – nämlich das „komplementäre" (93) Füreinander-tätig-Sein im Rahmen der gesellschaftlichen Arbeitsteilung –, dessen institutionelle Sicherung wirtschafts- und sozialpolitische Maßnahmen und Einrichtungen erfordert.

Th-3: Es kann keine perfekte Institutionalisierung der sittlichen Gesinnung geben. Im Gegenteil: Moderne Gesellschaften sind in institutioneller Hinsicht chronisch instabil.

Zunächst einige Erläuterungen und Klarstellungen zur ersten These: Vom Standpunkt der *Grund-*

linien sind privatrechtliche und marktwirtschaftliche Einrichtungen *notwendige* Bestandteile der institutionellen Sicherung des Handelns aus eigener Bestimmung (vgl. z. B. § 71). Das heißt: Es ist ausgeschlossen, dass dieses Element der sittlichen Gesinnung jemals allein durch andere Einrichtungen adäquat institutionalisiert werden wird. Diese (sehr starke) Lesart von Th-1 wird in den *Grundlinien* aber nicht zufriedenstellend begründet – und es ist mir, offen gesagt, auch nicht klar, wie eine solche Begründung aussehen könnte. Ich schlage deshalb vor, Th-1 wie folgt zu lesen: Nach allem, was wir wissen, kann das Handeln aus eigener Bestimmung nicht ohne privatrechtliche und marktwirtschaftliche Einrichtungen institutionell gesichert werden. In dieser (schwächeren) Lesart wird die Möglichkeit anderer institutioneller Sicherungen ausdrücklich nicht ausgeschlossen. So verstanden, scheint mir die These Th-1 unkontrovers zu sein.

Folgt man den *Grundlinien*, dann glaubt Hegel, dass es in einem privatrechtlich strukturierten marktwirtschaftlichen System vielen Menschen unmöglich sein wird, gemäß ihrer Gesinnung im Rahmen der gesellschaftlichen Arbeitsteilung füreinander tätig zu sein, und dass dies bei einigen von ihnen sogar zu einem Verlust ihrer Gesinnung führen wird. Hiervon wäre auch das Handeln aus eigener Bestimmung betroffen: Menschen, die dauerhaft ohne Beschäftigung sind oder durchgängig monotone berufliche Tätigkeiten ausüben, werden nach Hegels Einschätzung dazu tendieren, sich selbst für wertlos zu halten. In dem Fall aber werden sie auch ihrem Handeln aus eigener Bestimmung keinen Wert beimessen können.[69]

Damit stellt sich für Hegel folgende Frage: Wie können Gemeinwesen dazu beitragen, dass die Bürgerinnen und Bürger in einem privatrechtlich und marktwirtschaftlich strukturierten Umfeld gemäß ihrer Gesinnung im Rahmen der gesellschaftlichen Arbeitsteilung füreinander tätig sein können?[70] Angesichts der problematischen Auswirkungen, die Märkte im vorliegenden Zusammenhang zeitigen,[71] lässt sich diese Frage präziser fassen: Wie können Gemeinwesen dazu beitragen, dass die Menschen in einem solchen Umfeld tatsächlich einer Arbeit nachgehen können; auf diese Weise ein Einkommen erzielen, mit dem sie ihren Lebensunterhalt sichern können; bei der Gestaltung ihres beruflichen Werdegangs hinreichend große Planungssicherheit haben; als Berufstätige nicht ausschließlich monotone Tätigkeiten ausführen; und keine ökonomischen Machtpositionen ausbilden können, die ihre rechtliche Anerkennung als gleichberechtigte Bürgerinnen und Bürger gefährden? Gemeinwesen, die diese Ziele verfolgen, müssen nach Hegels Auffassung auf wirtschafts- und sozialpolitische Maßnahmen und Einrichtungen zurückgrei-

---

[69] In diesem Zusammenhang sei an Rawls' Einschätzung erinnert, dass „Selbstachtung vielleicht das wichtigste [gesellschaftliche; SaB] Grundgut" ist. Denn: „Ohne sie scheint nichts der Mühe wert, oder wenn etwas als wertvoll erscheint, dann fehlt der Wille, sich dafür einzusetzen." (*Rawls* [1975], 479).
[70] Vgl. hierzu nun auch *Siep* (2015), 90–97.
[71] Siehe oben, Abschnitt 7.

fen – etwa staatliche Investitionen in den Bereichen der Infrastruktur, der Bildung und des Gesundheitswesens; berufliche Qualifizierungs- und Fortbildungsmaßnahmen; steuerliche Anreize zur Ansiedlung von Unternehmen; Möglichkeiten der Beeinflussung der Preise von basalen Konsumgütern; gemeinschaftlich betriebene Einrichtungen der Vorsorge bei Arbeitslosigkeit und krankheits- oder altersbedingter Erwerbsunfähigkeit; oder progressive Besteuerungen von Einkommen und Vermögen. Welche dieser Maßnahmen und Einrichtungen benötigt werden, hängt nach Hegels Einschätzung aber von konkreten Gegebenheiten ab – etwa der „Gefahr des Augenblicks" (§ 234), lies: den Problemen, die von Märkten gerade verursacht werden – und kann deshalb nicht im Allgemeinen angegeben werden. Wenngleich er also die oben genannte These Th-2 vertritt, ist die Position, die Hegel im vorliegenden Zusammenhang entwickelt, durch eine sehr weit reichende institutionelle Offenheit charakterisiert.

Warum glaubt Hegel, dass es keine perfekte Institutionalisierung der sittlichen Gesinnung der Angehörigen moderner Gesellschaften geben kann? Da, wo Märkte sind, beeinflussen Menschen durch Konsum-, Produktions- und Investitionsentscheidungen, von denen die öffentliche Hand keine vorgängige Kenntnis hat, die wirtschaftlichen Verhältnisse des Landes. Staatliche Akteure müssen deshalb über wirtschafts- und sozialpolitische Maßnahmen und Einrichtungen befinden, ohne ein vollständiges Wissen der relevanten Zusammenhänge zu haben. Allein aus diesem Grunde können sich die von ihnen getroffenen Entscheidungen als *ineffizient* erweisen. Mehr noch: Zwar ist Hegel (anders als viele Neoliberale) keineswegs der Auffassung, dass wirtschafts- und sozialpolitische Maßnahmen oder Einrichtungen generell die Berechtigung des Einzelnen, „aus eigener Bestimmung" zu handeln, einschränken und damit seine Möglichkeiten, eine Beschäftigung zu finden, beeinträchtigen; allerdings sieht er sehr wohl, dass solche Auswirkungen in einzelnen Fällen gegeben sein können (vgl. § 236). Dann aber haben die fraglichen Maßnahmen oder Einrichtungen – zumindest isoliert betrachtet – Eigenschaften, die in *sittlicher* Hinsicht problematisch sind. Aufgrund dieser beiden Gefahren kann es für Hegel keine perfekte Institutionalisierung der Gesinnung der Angehörigen moderner Gesellschaften geben. Im Gegenteil: Diese Gesellschaften sind seines Erachtens in institutioneller Hinsicht chronisch instabil, da die öffentliche Hand stets erneut mit der Aufgabe konfrontiert ist, wirtschafts- und sozialpolitische ‚Lösungen' von Problemen zu finden, die durch die dezentralen Entscheidungen der Marktteilnehmerinnen und Marktteilnehmer verursacht worden sind. Auch die oben genannte These Th-3, so können wir feststellen, wird also von Hegel befürwortet.

9. Die Grundlagen der Kritik des Neoliberalismus

Welche Grundlagen stellt die Hegel'sche Sozialphilosophie der Kritik des zeitgenössischen Kapitalismus zur Verfügung? Dieser Frage können wir uns nunmehr zuwenden. Wenn wir mit Axel Honneth davon ausgehen, dass der zeitgenössische Kapitalismus neoliberal ist und dass der Neoliberalismus – in der Theorie und Praxis – allein die rechtlich gesicherte negative Freiheit zur Geltung bringt,[72] dann werden wir den zeitgenössischen Kapitalismus unter Zugrundelegung von Hegels obigen Überlegungen in theoretischer und in institutioneller Hinsicht als eine *einseitige* und *deshalb defizitäre* Position zu kritisieren haben. Da er in theoretischer Hinsicht zwar dem Handeln „aus eigener Bestimmung" (§ 207),[73] nicht aber dem „komplementären" (85) Füreinander-tätig-Sein im Rahmen der gesellschaftlichen Arbeitsteilung Wert

---

[72] Siehe oben, Abschnitt 1. – Auf die genannten beiden Annahmen werde ich im folgenden Abschnitt zu sprechen kommen.

[73] Bereits in seinem frühen Hauptwerk, *Der Weg zur Knechtschaft*, betont Friedrich August von Hayek, dass der Schutz dieser Art von Freiheit „das höchste Ziel" von Gemeinwesen sein müsse. Vgl. *von Hayek* (2011), 99 f.

beimisst,[74] kann der zeitgenössische Kapitalismus der Gesinnung, die wir als Angehörige moderner Gesellschaften haben, nicht gerecht werden, und da er in institutioneller Hinsicht zwar privatrechtlich strukturierte Märkte, nicht aber wirtschafts- und sozialpolitische Maßnahmen und Einrichtungen anerkennt, muss er die Erwartungen, die wir aufgrund unserer Gesinnung haben, insgesamt frustrieren. Es ist deshalb ohne weiteres verständlich, warum das gegenwärtige Wirtschaftssystem, wie Honneth konstatiert, *moralische* Reaktionen wie die der Empörung hervorruft (vgl. 359).

Beziehen wir diese Überlegungen auf unseren Fragenkomplex F-2,[75] dann können wir feststellen: Der zeitgenössische Kapitalismus versäumt es, so gut wie möglich dafür Sorge zu tragen, dass die Menschen sich durch Arbeit gesellschaftlich integrieren können. Kraft unserer Gesinnung wollen wir aus eigener Bestimmung im Rahmen der gesellschaftlichen Arbeitsteilung füreinander tätig sein und so unsere gesellschaftliche Zusammengehörigkeit bzw. unsere volle gesellschaftliche Zugehörigkeit herstellen. Dem kommt der zeitgenössische Kapitalismus dadurch entgegen, dass er uns als selbstbestimmte Individuen, die von Märkten nicht ausgeschlossen werden dürfen, rechtlich schützt. Was er jedoch nicht trifft, sind institutio-

---

[74] So lässt sich Margaret Thatchers Behauptung verstehen, dass es die Gesellschaft gar nicht gebe.
[75] Wie unsere Fragen F-1 vom Hegel'schen Standpunkt zu beantworten sind, haben wir ja bereits erörtert. Siehe Abschnitt 6.

nelle Vorkehrungen, durch die er marktwirtschaftliche Entwicklungen vereiteln oder zumindest abschwächen könnte, die es vielen von uns (Arbeitslosen, prekär Beschäftigten, von Job zu Job Driftenden) unmöglich machen, unsere gesellschaftliche Zugehörigkeit durch die Ausübung einer Arbeit in vollem Umfang herzustellen. Aufgrund seiner oben genannten Einseitigkeit ist der zeitgenössische Kapitalismus also insgesamt eine problematische Ordnung.

Können Hegels Überlegungen zu einer erfolgreichen Bearbeitung des Honneth'schen Projekts der normativen Rekonstruktion der modernen und zeitgenössischen Ökonomie beitragen? Das ist meines Erachtens der Fall. Wie erläutert, wirft Hegels Theorie der sittlichen Gesinnung – anders als Honneths Konzeption sozialer Freiheit – die von uns genannten Probleme P-1 und P-2 nicht auf.[76] Darüber hinaus, so werden wir nun sehen, ist die Kritik des Neoliberalismus, die sich aus Hegels Überlegungen ergibt, von den Problemen P-3 und P-4 nicht betroffen. Mit einer Integration dieser Überlegungen in das Projekt der normativen Rekonstruktion lassen sich deshalb sämtliche Anforderungen, die wir am Ende unseres Problemaufrisses[77] geltend gemacht haben, erfüllen.

Erinnern wir uns: Honneths sozialtheoretische Position vermag seine Kritik des Neoliberalismus nicht zu tragen. Einerseits behauptet Honneth, dass

---

[76] Siehe ebenda.
[77] Siehe ebenda.

soziale Freiheit der in der Sphäre der Ökonomie zentrale „Wert" (18) sei, andererseits kritisiert er den Neoliberalismus als eine Ordnung, welche diese Freiheit zerstört habe (und mit der rechtlichen Verfolgung selbstgewählter Ziele ein Handeln zur Geltung bringe, das als solches keine Freiheit stifte). Von diesem Problem (P-3) sind Hegels Überlegungen nicht betroffen. Denn aus Hegel'scher Sicht anerkennt der Neoliberalismus ja etwas, worauf sich unsere sittliche Gesinnung tatsächlich bezieht – das Handeln „aus eigener Bestimmung" –, und mit privatrechtlich strukturierten Märkten stützt er sich auf Institutionen, die (nach allem, was wir wissen) hinsichtlich des gesellschaftlichen Schutzes dieses Handelns notwendig sind. Folglich entspricht die durch Hegels Überlegungen inspirierte Neoliberalismuskritik den methodischen Erfordernissen der normativen Rekonstruktion der Ökonomie.

Aber, so mag man fragen, wie kann eine mit Hegel'schen Ressourcen arbeitende normative Rekonstruktion erklären, warum mit dem Neoliberalismus eine Ordnung entstanden ist, die in der Theorie und Praxis unserer Gesinnung nur sehr unzureichend Rechnung trägt? Kann sie diesen Vorgang überhaupt erklären? Im vorliegenden Zusammenhang würde die normative Rekonstruktion zunächst geltend machen, dass es keine perfekte Institutionalisierung der sittlichen Gesinnung der Angehörigen moderner Gesellschaften geben kann und dass diese Gesellschaften in institutioneller Hinsicht chronisch instabil sind. Im Ausgang von diesem allgemeinen Befund würde sie dann im Einzelnen darlegen, mit welchen Schwierigkeiten der „organisierte Kapitalismus" in den 1970er Jahren konfrontiert war (Stagflation, Arbeitslosigkeit usw.). Auf diesem Wege würde sie den Neoliberalismus als eine – letztlich verfehlte – Antwort auf Probleme rekonstruieren, die im Rahmen der damaligen institutionellen Ordnung unlösbar zu sein schienen. Mit dieser Untersuchung würde die normative Rekonstruktion zugleich an einem konkreten Fall illustrieren, was sie im Allgemeinen für zutreffend hält: dass Märkte *problematische Erfordernisse* der Institutionalisierung unserer Gesinnung sind und die theoretischen und politischen Auseinandersetzungen um sie zu den Grundkonflikten moderner Gesellschaften gehören. Damit würde die normative Rekonstruktion klarstellen, dass sie von dem oben genannten Problem P-4 nicht betroffen ist.

10. Schluss

Um nicht missverstanden zu werden: Das, was ich in diesem schmalen Buch entwickelt habe, ist nicht mehr als ein Forschungsprogramm. Wollte man es bearbeiten, hätte man zunächst zu prüfen, ob Hegels Bestimmung der sittlichen Gesinnung der Angehörigen moderner Gesellschaften überhaupt geeignet ist, uns darüber zu informieren, welche Werte für uns in der Sphäre der Ökonomie zentral sind. Eine solche Prüfung, die im Rahmen einer normativen Rekonstruktion Honneth'schen Typs vorgenommen werden könnte, hätte weitreichende historische und sozialwissenschaftliche Untersuchungen einzubeziehen. Sollte sich die Einschätzung erhärten, dass das Handeln „aus eigener Bestimmung" einer jener Werte ist, wäre es sehr wichtig, Klarheit darüber zu gewinnen, welche Eigentumsrechte zu seiner institutionellen Sicherung erforderlich sind – und welche nicht. Ferner wäre zu prüfen, ob der Neoliberalismus – zumindest in seinen Grundzügen – als eine soziale Ordnung verstanden werden kann, für welche die rechtliche Sicherung dieser Art des Handelns zentral ist. Falls sich herausstellt, dass es Varianten des Neoliberalismus gibt, müsste die Kritik an ihnen, die Hegels Überlegungen nahelegen, möglicherweise differenzierter ausfallen als in der vorliegenden Arbeit angenommen. Schließlich wäre zu untersuchen, wie sich die in der Sphäre der Ökonomie zentralen Werte zu grundlegenden Wertvorstellungen aus anderen gesellschaftlichen Bereichen verhalten und welche Realisierungsmöglichkeiten sie angesichts des sich abzeichnenden digitalen Wandels von Arbeitswelten künftig haben werden.

Kann ein solches Forschungsprojekt vom Standpunkt der Kritischen Theorie attraktiv sein? Bei oberflächlicher Betrachtung könnte man einwenden, dass eine mit den genannten Hegel'schen Ressourcen arbeitende normative Rekonstruktion den *politischen* Erwartungen der Kritischen Theorie nicht gerecht werden kann, da sie privatrechtlich strukturierte Märkte als wertvoll ansieht und wirtschaftspolitische Maßnahmen und sozialpolitische Einrichtungen befürwortet, die vergangenen Zeiten angehören. Richtig ist, dass die fragliche Rekonstruktion Märkten *prima facie* Wert beimisst – da sie zum institutionellen Schutz des Handelns aus eigener Bestimmung beitragen –, zugleich aber weitreichende rechtliche Beschränkungen der privaten Verfügung über Geld und Produktionsmittel für *insgesamt* geboten hält, wenn das komplementäre Füreinander-tätig-Sein im Rahmen der gesellschaftlichen Arbeitsteilung anders nicht gesichert werden kann. Zudem zeichnet sich eine normative Rekonstruktion, die mit den von uns genannten Ressourcen arbeitet, durch eine institutionelle Offenheit aus; sie ist in wirtschafts- und sozialpolitischer Hinsicht also keineswegs auf nationalstaatliche Instrumente festgelegt, deren Effizienz im Zuge der Globalisierung von Märkten fraglich geworden ist. Schließlich liegen auf der Linie dieser

Theorie – als wünschenswerte Entwicklungen – eine gesellschaftliche Bewusstwerdung der Schwierigkeiten, denen die institutionelle Sicherung der Gesinnung der Angehörigen moderner Gesellschaften im Allgemeinen ausgesetzt ist, sowie eine Einrichtung von öffentlichen Räumen, in denen über konkrete Fragen dieser Sicherung demokratisch debattiert werden kann. Diese Überlegungen stellen keine Aufhebung der sittlichen Ambivalenz von Märkten in Aussicht, doch sie stiften eine politische Perspektive, mit der die heutige Kritische Theorie sich identifizieren können sollte.

Literatur

Böckenförde, E.-W. (1991): „Das Bild vom Menschen in der Perspektive der heutigen Rechtsordnung", in: Recht, Staat, Freiheit, Frankfurt a.M., 58–66.

Bouton, C. (2015): „Capitalisme et mécanisation du travail", in: Capitalisme et démocratie: autour de l'œuvre d'Axel Honneth, hg. v. C. Bouton und G. le Blanc, Lormont, 83–107.

Buchwalter, A. (Hg.) (2015): Hegel and Capitalism, New York.

Carré, L. (2013): „Populace, multitude, populus. Figures du peuple dans la Philosophie du droit", in: Tumultes 40, 89–107.

Doctrine de Saint-Simon. Exposition, Paris 1830.

Dornes, M. (2016): Macht der Kapitalismus depressiv? Über seelische Gesundheit und Krankheit in modernen Gesellschaften, Frankfurt a.M.

Ellmers, S. (2015): Freiheit und Wirtschaft. Theorie der bürgerlichen Gesellschaft nach Hegel, Bielefeld.

Ellmers, S./*Herrmann*, S. (Hg.) (2016): Korporation und Sittlichkeit. Zur Aktualität von Hegels Theorie der bürgerlichen Gesellschaft, Paderborn.

Fourier, C. (2012): Über das weltweite soziale Chaos. Ausgewählte Schriften zur Philosophie und Gesellschaftstheorie, hg. v. H.-C. Schmidt am Busch, Berlin.

Freyenhagen, F. (2015): „Honneth on Social Pathologies: A Critique", in: Critical Horizons 16, 2, 131–152.

Gonçalo, M. (2013): „Recognition and Critical Theory today: An interview with Axel Honneth", in: Philosophy & Social Criticism 39, 2, 209–221.

Habermas, J. (1988): Theorie des kommunikativen Handelns, 2 Bde., Frankfurt a. M.

Hart, H. L. A. (2011): Der Begriff des Rechts, Berlin.

von Hayek, Friedrich August (2011): Der Weg zur Knechtschaft, München.

Hegel, G. W. F. (1998): System der Sittlichkeit. Reinschriftenentwurf, in: Gesammelte Werke (GW), in Verbindung mit der Deutschen Forschungsgemeinschaft hg. v. der Nordrhein-Westfälischen Akademie der Wissenschaften und Künste, Bd. 5, unter Mitarbeit v. T. Ebert hg. v. M. Baum und K. R. Meist, Düsseldorf, 277–361.

Hegel, G. W. F. (2009): Naturrecht und Staatswissenschaft im Grundrisse. Grundlinien der Philosophie des Rechts, in: GW, Bd. 14.1, hg. v. E. Weisser-Lohmann, Düsseldorf.

Hegel, G. W. F. (1986): Grundlinien der Philosophie des Rechts oder Naturrecht und Staatswissenschaft im Grundrisse, in: Werke, hg. v. E. Moldenhauer und K. M. Michel, Bd. 7, Frankfurt a. M.

Hegel, G. W. F. (2015): Wintersemester 1821/22. Nachschrift Anonymus (Kiel). Fragment, in: GW, Bd. 26.2, hg. v. K. Grotsch, Düsseldorf, 593–765.

Herzog, L. (2013): Inventing the Market. Smith, Hegel, and Political Theory, Oxford.

Honneth, A. (2011): Das Recht der Freiheit. Grundriß einer demokratischen Sittlichkeit, Berlin.

Honneth, A. (2015): Die Idee des Sozialismus. Versuch einer Aktualisierung, Berlin.

Honneth, A. (2015a): „Rejoinder", in: Critical Horizons 16, 2, 204–226.

Honneth, A. (2015b): „Drei, nicht zwei Begriffe der Freiheit. Ein Vorschlag zur Erweiterung unseres moralischen Selbstverständnisses", in: Internationales Jahrbuch für philosophische Anthropologie 5, 1, 113–130.

Hunyadi, M. (Hg.) (2014): De la reconnaissance à la liberté, Lormont.

Jütten, T. (2015): „Is the Market a Sphere of Social Freedom?", in: Critical Horizons 16, 2, 187–203.

Klikauer, T. (2016): Hegel's Moral Corporation, Houndmills, Basingstoke.

Kuch, H. (2016): „Die Sozialisierung des Marktes. Soziale Freiheit und Assoziationen bei Axel Honneth", in: Ellmers, Herrmann (2016), 177–204.

Laitinen, A. (2016): „Freedom's Left? Market's Right? Morality's Wrong?", in: Ethics, Democracy, and Markets. Nordic Perspectives on World Problems, hg. v. G. Baruchello et al., Kopenhagen, 258–281.

Mohseni, A. (2014): Abstrakte Freiheit. Zum Begriff des Eigentums bei Hegel, Hamburg.

Mohseni, A. (a): „Hegel und Honneth über das Recht auf ein eigenes Zimmer", erscheint in: Archiv für Rechts- und Sozialphilosophie.

Neckel, S./*Wagner*, G. (Hg.) (2013): Leistung und Erschöpfung. Burnout in der Wettbewerbsgesellschaft, Berlin.

Quante, M. (2016): „Handlung, System der Bedürfnisse und Marktkritik bei Hegel und Marx", in: Schmidt am Busch (2016), 153–175.

Rawls, J. (1975): Eine Theorie der Gerechtigkeit, Frankfurt a. M.

Renault, E. (a): „Théorie de la reconnaissance et négativisme méthodologique", erscheint in: Nouvelles perspectives pour la reconnaissance, hg. v. A. P. Olivier, M. Roudaut und H.-C. Schmidt am Busch.

Ruda, F. (2011): Hegel's Rabble. An Investigation into Hegel's Philosophy of Right, London.

Schaub, J. (2015): „Misdevelopments, Pathologies, and Normative Revolutions: Normative Reconstruction as Method of Critical Theory", in: Critical Horizons 16, 2, 107–130.

Schmidt am Busch, H.-C. (2011): „Anerkennung" als Prinzip der Kritischen Theorie, Berlin/New York.

Schmidt am Busch, H.-C. (Hg.) (2016): Die Philosophie des Marktes/The Philosophy of the Market, Hamburg.

Schmidt am Busch, H.-C. (2016a): „Die sittliche Ambivalenz von Märkten – ein Grundproblem moderner Gesellschaften?", in: Schmidt am Busch (2016), 99–124.

Schmidt am Busch, H.-C. (2017): „Why Ethical Life is Fragile: Rights, Markets and States in Hegel's Philosophy of Right", in: Hegel's Elements of the Philosophy of Right: A Critical Guide, hg. v. D. James, Cambridge, 137–159.

Sennett, R. (1998): Der flexible Mensch. Die Kultur des neuen Kapitalismus, Berlin.

Siep, L. (2011): „Wir sind dreifach frei", in: Zeit-Online, Literatur, 18.8.2011.

Siep, L. (2015): Der Staat als irdischer Gott. Genese und Relevanz einer Hegelschen Idee, Tübingen.

Smith, A. (1999): Der Wohlstand der Nationen. Eine Untersuchung seiner Natur und seiner Ursachen, München.

Zurn, C. F. (2016): „The Ends of Economic History: Alternative Teleologies and the Ambiguities of Normative Reconstruction", in: Schmidt am Busch (2016), 289–323.

Über den Verfasser

Hans-Christoph Schmidt am Busch ist Professor für Philosophie an der Technischen Universität Braunschweig. Seine Forschung liegt auf den Gebieten der Politischen Philosophie, der Sozialphilosophie und der Rechtsphilosophie. Darüber hinaus interessiert sich Hans-Christoph Schmidt am Busch für die Geschichte und die philosophischen Grundlagen der Ökonomik. Er ist Autor des Buches *„Anerkennung" als Prinzip der Kritischen Theorie* (Berlin/New York: de Gruyter, 2011). Zu den von ihm herausgegebenen Schriften gehören Charles Fourier, *Über das weltweite soziale Chaos. Ausgewählte Schriften zur Philosophie und Gesellschaftstheorie* (Berlin: Akademie Verlag, 2012), „Karl Marx and the Philosophy of Recognition" (*Ethical Theory and Moral Practice* 16, 4, 2013, 679–758) sowie *Die Philosophie des Marktes/The Philosophy of the Market* (Hamburg: Felix Meiner Verlag, 2016).

Printed by Libri Plureos GmbH
in Hamburg, Germany